彩色图文版

军国之路
近代日本兴衰画册

杜文青◎编著

国际文化出版公司
·北京·

图书在版编目（CIP）数据

军国之路：近代日本兴衰画册 / 杜文青编著. —北京：国际文化出版公司，2021.1
ISBN 978-7-5125-1225-2

Ⅰ. ①军… Ⅱ. ①杜… Ⅲ. ①军国主义-史料-日本-图集 Ⅳ. ① K313.46-64

中国版本图书馆 CIP 数据核字（2020）第 185527 号

军国之路——近代日本兴衰画册

编　　著	杜文青
责任编辑	潘建农
封面设计	鸿儒文轩
出版发行	国际文化出版公司
经　　销	全国新华书店
印　　刷	三河市华东印刷有限公司
开　　本	710 毫米 ×1000 毫米 16 开 12.5 印张　　　　183 千字
版　　次	2021 年 1 月第 1 版 2021 年 1 月第 1 次印刷
书　　号	ISBN 978-7-5125-1225-2
定　　价	66.00 元

国际文化出版公司
北京朝阳区东土城路乙 9 号　　　　邮编：100013
总编室：(010) 64271551　　　　传真：(010) 64271578
销售热线：(010) 64271187
传真：(010) 64271187-800
E-mail: icpc@95777.sina.net

导言
穷兵黩武之路　罪恶昭彰国度

上溯日本的历史，这个岛国的政治体制和社会状况只是近邻中国的一个微缩版。尽管传说中的神武天皇在2600年前就奠定了日本民族的历史，然而真正有编年史记载的，却是8世纪以后的事。在元正天皇养老四年（公元720年）修成史书《日本书纪》之前，日本列岛上的上百个部落还处于史学家说的"大倭阙史时代"。岛上是一大群野蛮的以渔猎为生的生番，文化上比中国整整落后了2000年。当中国已广泛使用铁器，有了完整的政治、经济、军事组织和哲学思想的时候，日本人却连文字都还没有。看到古代中国和其他文明古国那灿烂悠久精湛深邃的文明，日本人实在羞愧难当。

然而，这又有什么关系呢？奋起学习就是了，干脆拿来就是了。从文字、宗教、政治统治、美学、儒家的哲理，到各种冶炼、纺织技术和税收制度，一股脑儿从中国照搬。这种大规模的文化引进在世界史上是绝无仅有的。小学生日本的学习精神确实值得钦佩，日本人也为自己的成果深感自豪。文化革新给日本民族注入了沸腾的血液。然后，日本人就自满了，就感到不那么赤身裸体了，甚至想到"老师"也不过是那么回事儿，到丰臣秀吉时代就兴兵打起"老师"来了。

日本人是一个很难琢磨，很难被人理解的民族。他们甚至自己都不理解自己。他们从中国泊来文化，又不愿束缚在孔教的礼义中；他们引进了佛教，却不甘空净无为，又遁入神道教的旁门；无论是强迫也好，主动也罢，他们从西方引进科学技术，却没有接受伏尔泰的民主思想和基督教精神。日本有他们民族特有的禀性与文化。

室町中期的著名僧人一休宗纯曾经说过："入佛界难，进魔界易。"难道这不是日本这个东方岛国的真实写照吗？他们虽然创造出《源氏物语》，但缺乏那种清雅的自然之美，他们自己表达不出自己来。他们内省过，但大多时是深深的迷惘。

冬月拨云相伴随，

更怜风雪浸月身。

这是德川时期明惠禅师的绝句。那个时期的人们大多会体悟到这首和歌的意境和明惠禅师内心的清净澄澈。那是一段多么值得回味的历史呀！"雪月花时最怀友"嘛！只因为明惠禅师早生了500年，如果他生在丰臣秀吉的时代，怕是了无此种雅兴了。壬辰年（1592年）日本进攻朝鲜失败，秀吉忧死，列岛重新回到了封闭的环境中。

16世纪中叶葡萄牙勇敢而贪婪的船长们，给日本带来了基督教和枪炮，然而并未能冲击日本的文化。日本还需要时间来吸收、消化中国的先进文明，在自己的根基上把它发展得尽善尽美。于是，日本文化在德川时代的一种内省式的环境里产生了、发展了。音律、美学、文艺、哲理、宗教全部日本化了。日本民族成了一个聪明有主见的大孩子，能够承受另一次更大、更新的文化和技术的猛烈冲击了！

中世纪后，沉寂了1000年的西方诸国开始重新崛起。绘画、诗歌、文学、技术、科学、经济学和伟大的人文主义思想宛如春风吹拂，一夜之间，绽出青枝绿柳，转瞬花团锦簇。西方拼命地发现、发明、发掘、发展，疯魔般地变幻，资本主义穷尽了人类欲望的每一个角落，也伸到了日本。

1853年，佩里准将率领四艘美国战舰组成的舰队，强迫日本政府在江户湾签定城下之盟。日本人突然发现：一股强劲的新的文明台风，已经在西方生成，并且越吹越盛，强劲地刮到东方来了。被日本达官显贵所"不耻"的一小撮"兰学"学者们（最早向荷兰人学习的人），原来代表了时代的方向。

整个世界颠倒了。日本又用更大的狂热向西方学习。1000年前什么都是"中国的好"，现在换成了什么都是"西方的好"。这种学习的认真劲儿，就是以效法西欧著称的彼得大帝，也会叹为观止，自愧弗如的。东方的"彼得大帝"——明治天皇——彻底发动了他的岛国，在政治、经济、文化、军事等诸多方面，脱亚入欧，全盘西化，对欧美主动投怀送抱，暗送秋波，进行变法革新改革。没有多久，日本就又洋洋自得起来，自以为长大，成功地把西方文明嫁接到了自己的根子上。它早已不把中国放在眼里，用力一摇，发现中国果然朽败不堪。一个国家政体上的变革，无论是西方式的资产阶级革命，还是东方式的政治维新，对整个国家来讲都是一件殊为痛苦的事情，往往需要伴随着流血和战乱的多次反复发生才能完成。而特殊的例外是，日本这个在文化上与中国一样有着上千年历史的国家，它开始于中国同治年间（19世纪70年代）的政治体制变革居然一次就成功了。其君主立宪制带来的现代社会生产关系，使它得以在短短的二十多年间，发展成为一个具备了资本主义社会一切政治和经济特征的崭新的国家。日本已经不是中国人一直以为的贫穷、落后的农业小国了，它已经脱胎换骨为一个近代化的工业国家。但有一个事实不可否认：把西方的民主价值之树移植到有几千年封建流毒的东方土壤上，注定不是自然意义上的春华秋实，结出的必将是难嚼的苦涩的历史坚果！

　　近代日本之所以这样快速发展，是因为它相信只有在工业、军事力量和争霸野心上像西方列强一样才能免遭灭顶之灾，只有成为亚洲最强国才能得以生存。日本的当权者清楚地看到亚洲其他国家被西方殖民主义者一个个瓜分，而日本就是下一个被瓜分的对象。几个世纪与世隔绝的状况再也不能维持下去了。日本打开大门，便面临着被西方列强征服的危险，所以几乎从一开放就开始了与外界的冲突。

2015年6月28日　杜文青　于天津宝坻

日本大事纪

约公元1世纪，日本各地有一百多个小国（其中有的与东汉建立了外交关系）。后来，这些小国逐渐得到统一。公元4世纪，在关西地方建立了比较大的国家，据说最终将它们统一起来的是当今天皇族的祖先。当时，日本国的范围包括本州西部、九州北部及四国。据《古事记》和《日本书纪》记载，第一代天皇——神武天皇——于公元前660年建国并即位，即位日相当于现在的公历2月11日，因此日本就把这一天定为"建国纪念日"。绳纹时代从洪积世起，日本列岛上就有人类的祖先生活，日本的人种及语言原型的形成则被认为是1万年前至公元前3世纪前后的绳纹时代。当时，人们数人或十人一户居住在竖坑式草屋，以狩猎、捕捞及采集为生，构成了日本早期的社会形态。弥生时代公元前3世纪，水稻种植和金属器具使用技术由朝鲜传入九州北部。稻作技术给日本社会带来了划时代的变化，它扩大了生产，产生了贫富等级差别，使农村共同体趋向政治集团化。农耕带来的信仰、礼仪、风俗习惯也逐渐传播开来，形成了日本文化的原型。飞鸟时代公元4世纪中期，大和政权统一了割据的小国。随着国家的统一，以前方后圆坟为代表的古坟广大到各个地方。这个时期是中国许多知识和技术传入日本的时期。4世纪，大和政权吸收了大陆的高度物质文明。到了5世纪，来自朝鲜半岛的外来人（归化人）带来了铁器生产、制陶、纺织、金属工艺及土木等技术，同时日本已开始使用中国的汉字。6世纪，日本正式接受儒教，佛教也传入日本。7世纪，圣德太子致力于政治革新，并以"大化革新"为契机，着手建立一个以天皇为中心的中央集权国家。这个做法仿效了隋、唐，而且此时更加积极地吸取中国文化。至9世纪末期，日本先后共派出十多次遣隋使和遣唐使。奈良时代公元710年，日本定都平城京（现在的奈良市以及近郊），迎来了律令国家的兴盛时期。但是，此时农民贫困、游民增加，由于庄园扩大而导致公地公民制的实质上的崩溃等，矛盾开始暴露出来。这个时期由于国家极力保护佛教，因此，佛教文化，特别是佛教美术开始繁荣起来。如7世纪初期开创日本佛教文化的飞鸟文化、7世纪后期独具一格的白凤文化、8世纪中叶在唐代鼎盛期文化的影响下以写实手法体现人类丰富情感的天平文化，等等。与佛教美术相媲美，这个时期文化方面的金字塔是《万叶集》。《万叶集》收集了8世纪中叶前约400年间，上自天皇下至庶民所作的大约4500首和歌，如实反映了古代日本人的朴素的生活情感。此外，现在还保存着的日本最古老的历史书籍《古事记》（712年）、最古敕撰历史书《日本书纪》（720年）、最古的汉诗集《怀风藻》（751年），等等，都是这个时期的文化遗产。

平安时代8世纪末，日本将都城移至平安京（现在的京都市），试图重建律令体制。但由于公地公民制的崩溃，国家陷入了财政困难。894年，日本派出最后一批遣唐使后便告终止，就此不再大量吸收中国文化。10～11世纪，藤原氏垄断政权，以庄园为经济基础，势力最为强盛。但是，由于地方政治的混乱，导致治安混乱，武士集团强大起来。到11世纪末，为对抗藤原开始实行"院政"（指日本平安时代后期上皇、法皇代理天皇执政）。于是，武士进入了中央政权。平安时代以中国文化为特色。9世纪时，日本受唐朝影响，密教和汉学方面的弘仁、贞观文化十分繁荣，但是10世纪后与中国的直接交流断绝后，便产生了日本独特的贵族文化。其代表有第一部敕撰和歌集《古今和歌集》（10世纪初）、世界上最古老的长篇小说《源氏物语》（11世纪初）、随笔《枕草子》（公元1000年前后）等一批文艺作品。 镰仓时代12世纪末，源赖朝受封第一代征夷大将军，并在镰仓建立幕府，从此诞生了武士政权，并由此产生了武家政治和公家（指朝廷公卿、贵族）政治的对立。13世纪后期，幕府的武士统治开始面临困难，镰仓幕府逐渐走上灭亡的道路。在文化方面，以过去的贵族文化为基础，吸取宋朝时传入日本的禅宗文化，培育了生动、写实、朴素及独特的武家文化。

在宗教方面，由法然、亲鸾、日莲等著名僧人创建了镰仓佛教，获得了各阶层的信仰。12世纪传入日本的禅宗受到了关东武士的重视，艺术领域也出现了新的倾向。文学方面出现的以源平合战为背景小说《平家物语》（原作诞生于13世纪初），是日本古代军记物语的杰出代表。室町时代14世纪的前半期，征夷大将军足利义满稳定了京都的室町幕府以后，两个多世纪内在政治、文化方面，武家都压倒公家，处于优势。由于室町幕府是聚集了各有力大名而建立的，因此幕府本身的统治能力薄弱。应仁元年（1467年）一月，应仁之乱爆发，全国各地的大名纷纷而起，室町幕府摇摇欲坠，日本进入战国时代。战国大名成了统治当地土地及人民的强有力的独立政权。在文化方面，无论是贵族还是武家的文化，都受到禅宗的影响。14世纪末期以金阁寺为代表的北山文化及15世纪末期以银阁寺为代表的东山文化都十分发达。16世纪中叶，葡萄牙人、西班牙人来到日本，传入了枪炮和基督教。战国时代（室町末期及安土、桃山时代）应仁之乱后，日本各地大名纷纷崛起，战火纷飞，民不聊生。16世纪中叶，一位决心以武力统一日本、结束乱世的枭雄出现，他就是织田信长。永禄三年（1560年），织田信长在桶狭间以2千人马击败今川义元4万大军，名声大振。尔后，他逐步统一尾张、近畿，并准备进攻山阴、山阳。在此期间，信长修筑了气势宏大的安土城。因此，信长的时代被称为"安土时代"。天正十年（1582年），本能寺之变爆发，信长身亡。织田重臣羽柴秀吉先后击败明智光秀及柴田胜家，确立了自己的继承人地位。此后，他经过四国征伐、九州征伐、小田原之战，逐步统一日本。由于功绩巨大，羽柴秀吉被天皇赐姓"丰臣"，并受封"关白"（与"摄政"合称"摄关"，相当于丞相）一职。庆长三年（1598年），丰臣秀吉在伏见城病逝，丰臣家裂分为近江（西军）和尾张（东军）两派。身为丰臣政权五大老之一的德川家康于庆长五年（1600年）发动关原合战，大败西军，建立德川政权。庆长八年（1603年），德川幕府建立，战国时代结束。江户时代庆长八年（1603年），德川家康受封征夷大将军，在江户（现东京）建立幕府政权。此后260多年，德川家统治全国。这段时期被称作江户时代。德川幕府严格控制天皇、贵族、寺院神社，并费尽心计统治着支撑幕藩体制的农民。元和九年

（1623年），德川家第三代将军德川家光就职。十几年之后，他下令锁国。除开放长崎、界作为对外港口外，一律禁止外国人来日本，也禁止日本人远渡海外。由于闭关自守，幕藩体制迎来了安定时期。但是随着产业的发达、商品经济的发展，农民自给自足的经营体系崩溃，18世纪起幕藩体制开始动摇。庶民文化是这个时期的特色。17世纪后期至18世纪初期的元禄文化是以京都、大阪等上方（日本关东地方人称京都、大阪为上方）地区为中心的武士和商人的文化。人偶净琉璃（人偶与以三弦伴唱的说唱曲艺——净琉璃——两种艺术相结合的一种表演形式）、歌舞伎、浮世绘、文人画等呈现出绚丽多彩的商人文化。 明治时代江户幕府末期，天灾不断，幕府统治腐败，民不聊生。且幕府财政困难，使大部分中下级武士对幕府日益不满。同时，西方资本主义列强以坚船利炮叩开锁国达两百余年的日本国门。在内忧外患的双重压力下，日本人逐渐认识到，只有推翻幕府统治，向资本主义国家学习，才是日本富强之路。于是一场轰轰烈烈的倒幕运动展开了。在这场推翻幕府统治的运动中，萨摩、长州两藩武士起着重大的作用。1868年1月3日，代表资产阶级和新兴地主阶级利益的倒幕派，在有"维新三杰"之称的大久保利通、西乡隆盛、木户孝允的领导下，成功发动政变，迫使德川幕府第15代将军德川庆喜交出政权，并由新即位的明治天皇颁布"王政复古"诏书。这就日本历史上的"明治维新"。日本从此走上资本主义道路。1868年（明治二年），明治天皇迁都江户，并改名为东京。之后，日本从政治、经济、文教、外交等方面进行了一系列重大的改革。明治初期，日本重视轻工业，19世纪90年代，生丝和棉花纺织业已经成为典型工业。生丝全国出口量第一，棉花和纱代替了茶叶，出口量仅次于生丝。渐渐地，日本成了生丝和棉的出口大国，国力逐渐强大。后来在甲午中日战争（日本方面称"日清战争"）及日俄战争中打败中国北洋舰队，全歼俄国太平洋舰队和波罗的海舰队。日本成为帝国主义列强之一。大正天皇在位15年（1912～1926年），政绩却不如明治，而且他一生为脑病所困，最后被迫让权疗养，由裕仁亲王摄政。1926年，裕仁登基，年号"昭和"，即昭和天皇。昭和时代前三十年，对于中国、朝鲜、东南亚及太平洋地区人民来说，是黑暗的三十年。这时的日本政府致力于侵略扩张。1931年9月18日，九一八事变爆发，日军不久后侵占中国东北。1937年7月7日，日军挑起卢沟桥事变，发动全面侵华战争。1941年12月7日，日军偷袭美国珍珠港，太平洋战争爆发。这一时期，日本不仅给中国、朝鲜、东南亚及太平洋地区人民带来深重的灾难，也给日本人民带来巨大的痛苦。这是日本历史以及中日关系史上最黑暗的时期。1945年8月15日，日军投降。之后，美军占领日本，改日本专制天皇制为君主立宪制，天皇作为日本的象征被保留下来。1972年7月，田中角荣出任日本首相，开始执行"多边自主"外交。同年9月田中访华，于9月29日与周恩来总理签署《中日联合声明》，宣布中日正式建交。1978年8月，中日两国缔结中日和平友好条约。1978年10月，邓小平副总理应邀访问日本，宣布和平友好条约正式生效。中日两国关系从此趋于正常化。1989年1月7日，昭和天皇病逝。皇太子明仁即位，改年号为"平成"。2019年4月30日，明仁天皇退位，皇太子德仁成为日本第126代天皇，改年号为"令和"。

目录

第一章 **西风横扫　"脱亚入欧" / 001**

相关链接　明治天皇 / 018

第二章 **狼子野心　初露狰狞 / 019**

相关链接　日本最有影响力的将军 / 034

第三章 **磨刀霍霍　步入"军国" / 035**

相关链接　裕仁 / 055

第四章　侵略成性　扰乱世界 / 059

相关链接　731 部队 / 151
相关链接　秘密宪兵队 / 155
相关链接　关于珍珠港的彩色胶片 / 157
相关链接　日本《战阵训》/ 160
相关链接　神风 / 162
相关链接　原子弹爆炸的拍摄 / 165

第五章　挑战历史　死不认错 / 167

相关链接　东条英机 / 178
相关链接　日本在"二战"期间伤亡人数统计 / 182

第一章

西风横扫　"脱亚入欧"

美丽的富士山，曾引起人们多少美好的遐想，可你是否知道它是这片土地上一个"结了疤的伤口"，而这种"伤口"遍布日本各地。这是一个"坐不稳"的国家——地震频发。被称为"鬼语"的日语，似乎颇能反映日本错综复杂、扑朔迷离的历史。日本人到底从何而来？

▲ "坐不稳"的国度

作为群岛国家的日本，位于亚洲东部，太平洋的西缘，领土由三千多个大小岛屿组成，最大的有四个，即北海道、本州、四国、九州。日本北面与俄罗斯的库页岛、西伯利亚隔海相望，西面与朝鲜半岛、中国相邻。

群岛的日本坐落在"不安静的飘带"——"环太平洋断裂带"——上，这使日本的历史地理有很大的变迁。两万多年前，日本海还是陆地中的一个湖泊，当时日本还同亚欧大陆相连。从日本的间宫海峡（鞑靼海峡）穿过日本海，经朝鲜海峡直到中国有一条裂缝。正是这条裂缝的余波切割成了宗谷海峡和津轻海峡，形成了濑户内海，并构成了日本列岛在海外的孤立状态。这一地带构造线一直在"蠕动"，便造成了日本频繁的地震。

中国有句俗语叫做"稳如泰山"，而日本人则不得不"杞人忧地"，常常提防脚下土地何时摇晃起来。如果说日本人的人生观、世界观有一种"刹那感"的话，那么，它正是几千年对地震心理无意识恐惧的沉淀和遗传。

也许说起来你不相信，日本平均每天约有四次地震发生。作为日本首都的东京大约每隔60年就有一次大地震。1923年9月1日，震惊世界的关东大地震把东京和横滨的大部分地区夷为平地，13万人丧生。而许多日本人也许至今还未从2011年3月11日东部大地震的余悸中走出。

▲ 随时可能爆炸的"火药库"

美丽富士山令人心旷神怡，然而这只是日本一块"结了疤的伤口"。日本境内还有大小一百多处活火山，就像一百多个随时可能爆炸的"火药库"。日本号称"火山国"，集中了世界上十分之一的活火山，其中最著名的就是富士山——海拔3776米，为全国最高峰。远远望去，它仿佛从海上矗立而起，山顶上经年不化的皑皑白雪在云遮雾绕中若隐若现，十分壮丽，成为日本引以为豪的象征。但是，这些火山却是埋在日本国土上的"火药桶"，一旦"引爆"，就会带来毁灭性的灾难。1783年，最大的火山——浅间山——就使本州中部几万平方英里的地区陷入瘫痪。

▲ 气温周期改变历史——气候决定论吗?

气温周期能改变历史吗？让我们看一下日本历史曾经历过的事实。从地球的气温变迁来看，日本大约每隔300年就经历一个寒暖交替期。这种气温的变化，决定农业的丰歉，影响人们的生活，同时，它也给日本历史带来了大的变革，其极端的例子就是明治维新。

明治维新的原因当然有多重，但它的远因乃是天明大饥馑。据说当时日本东北部有三分之二的人死于饥饿，甚至连江户附近的水田都无法插秧，致使许多人饿死。但是，当时各藩无视歉收，继续征税，使农民成了最大的牺牲者。尤其在1804年到1829年期间，各藩主竞相向幕府行贿。本来已经歉收且农产品被盘剥殆尽的民众，对统治者感到极大的愤怒，再也无法忍受这种受奴役的地位。

江户时代发生了数千次的平民暴动，其中大多集中在天明时期，这同天灾有着直接联系，而这些暴动又促进了民众的觉醒。

▲ 日本的人种之谜

日本的人种之谜，历来是人类学中的一大疑案。比较普遍的一种说法是他们基本上属于蒙古人种。最早出现在日本，并在绵延数千年的漫长岁月中创造了高度的石器文化的人称为绳纹人，他们所代表的时代被称为绳纹时代。

公元3世纪末年，不堪秦朝暴政的秦人纷纷东渡日本。司马迁的《史记》还记载了秦朝时的方士徐福，带领大批童男童女，乘楼船入海求仙的故事。他们到达的地点是否就是今天的日本还有待考究，但是日本至今仍有许多人把徐福奉为日本的人文始祖，并且有专门的组织——徐福会。后来，在战乱中流离失所的吴越先民也纷纷渡海来到日本，有许多"倭人自谓吴越之后"的记载。这些中国移民带来了先进的华夏文明，铁器和农耕广泛地普及开来了，弥生文化代替了绳纹文化。

此外，马来人、印尼人和菲律宾人也大批从海上迁徙到日本。随着本州中部兴起的大和国统一了日本，他们同日本群岛的土著居民逐渐融合成为后来的大和民族。

今天的日本人，经过仔细分辨，还能够在某些脸型，习惯和口音上找到一丝远古时代迁移先民血统的痕迹。但是，在世界人口大国中，日本无疑是种族构成最为纯粹，文化同质性最高的一个。这也许是日本既能使自己的社会西方化，又能保持自己特点的一个主要原因。

日本如今有1.2亿人，99%是大和民族人，只有少数朝鲜族、汉族的外国侨民，以及唯一的少数民族阿依努人（人数2万左右，并且处于被同化的边缘）。这种较为单一的民族构成，在客观上加强了日本民众的整体意识。这在受民族问题纷扰的诸国的今天，就看得更清楚了。

▲ 不受侵扰的群岛

有一个比日本种族统一更加不容忽视的事实，那就是：直到近代，日本社会和文化才不再在关闭的条件下发展。这绝不是说，日本的发展是不明不白地从真空里产生，其中没有任何外来势力的影响。因为日本是在同中国保持一定距离的情况下借鉴中国大部分东西的，而且所有这一切都是自愿的。日本周围是海，对古代的多数大国来说是遥远的，所以没有招来侵略者。事实上，在1945年美军占领日本前，日本只遭遇过一个外国大规模入侵的威胁，那就是1274年和1281年忽必烈蒙古试图在日本登陆。只是由于刮起了日本人永远感激的神风，他才两次命令战船撤离。一言以蔽之，同今天世界上的大多数国家不同，日本在其漫长历史的大部分时间内没有出现外国用武力把它的制度和文化强加给日本的情况。

日本的文字是它向中国欠下的文化债的一部分。在古代很长时期内，中国文明一直代表着人类文明的最高水平，放射出夺目的光辉。它不仅照耀了西太平洋上这个酣睡的岛国，而且影响了整个世界。日本人贪婪地吮吸着中国文明的汁液，把它变为其民族躯干的一部分。当今天我们谈到日本传统文化时，即使最极端最保守的日本民族主义者，也无法否认它与中国文明的血肉联系。

从公元6世纪起到9世纪止，日本大批地派遣唐使学习光辉灿烂的中国文化。他们可以说是亦步亦趋地仿效中国的模式，其仿效的范围包括从日本第一个首都——奈良——的施工方案，到皇帝凌驾于宗教和政治生活之上的观念。

日本这种无外来者侵扰的历史境遇，使其可以自由地选择学习他种文明，"择其善而从之"。

当然，这种不受干扰的情况后来便是闭关锁国的结果了。在经历了几个世纪的幕府统治后。从17世纪初到美国佩里的舰队来到日本之前，日本一直也是如清朝般"闭关锁国"。而这种闭关锁国使日本结束了战国时代之后得到了一个非常宝贵的喘息之机。在这段被称为江户时代的年月里，日本出现了实业家阶级。这意味着日本随后的工业化可以由日本人而非外国人来掌管。更重要的是，日本出现一种高度的民族意识。他们以武士为首，对本民族引以为豪。

▲ "黑船来了"：来自大洋彼岸的挑战

当位于日本江户湾入口处的浦贺奉行所接到有关黑船的传令第一报时，黑船（近黑色铁甲军舰）舰队已经在浦贺冲抛锚下碇了。这时的时间是1853年7月8日，日本的近代史由此启程。

美国人佩里带领三百七十名水兵，四艘军舰，打开了日本锁了二百多年的门户。

蜂拥而至参观黑船的人们，惹人注目的"黄毛子"官兵，日本人透过黑船看到了什么？

佩里第一次闯进日本没有发炮，日美双方也没有交战。对于双方来讲，都不知道对方将采取什么态度和措施。在杀气腾腾的紧张气氛中，双方接触后立刻达成协议。日美最初的接触就是如此色彩鲜明，其中深蕴的意义大概一部分人能读得出来。

佩里第二次率舰来日本，曾出现过剑拔弩张的紧急情况。然而就在这时，街头上贴出了美国军舰即将鸣放礼炮的安民布告。人们安定下来，早先恐惧万分的黑船，此刻变成了包含未知的伟大力量的象征。

在这样的气氛中，日美双方缔结了条约。这是一个没有经过战争，仅凭借交涉就签订的条约，时间是1854年3月31日。

具有重要意义的《日美和亲条约》结束了日本二百余年的锁国状态，对紧随而至的日本近代社会的发展定下了基调和方向。

签订的条约无非是一张纸，却对后世产生了巨大的影响。

日本开始用自己的力量造船。船型样本来自于从荷兰购买的书籍、图纸、绘画。在佩里到达后不久，即《日美和亲条约》签订的半年前，日本就决定向荷兰购远洋船。日本执着地要建造远洋船，乃是"黑船事件"的直接产物。

更为重要的效应渐露端倪，那就是日本渐渐地从中华世界中走出去，投入"西方文明"的怀抱。

▲ "西化"的农民革命

英国17世纪革命建立了资本主义制度，法国大革命1793年把路易十六送上了断头台。与拥有《天朝田亩制度》的太平天国革命相比，日本1868年的大规模农民斗争更有"西化"倾向。

在这些农民革命中，他们以拒绝向领主交纳贡租和向地主交纳佃租，或大幅度减少贡租和佃租的土地革命要求为基础，提出了农产品的自由栽种和自由出售、营业自由乃至废除庄屋组织等封建统治机构和村落机构等几乎包括全部现代化的要求。

欧洲的近代变革由于其历史、文化等深层背景而采取了"市民革命"的形态，而东方的日本的"农民革命"却表现了可贵的"市民化"倾向，这同中国洪秀全的农民起义再做天子的要求相比实在值得我们反思。

▲ 西风横扫，卷起千堆雪：明治维新

1868年革命推翻了幕府统治，建立了统一国家。从此，日本便开始了一场历经几十年，把它引上"强国"之路的成功改革——明治维新。

用今天的目光来审视一个世纪前发生在列岛上的那场革命，我们发觉，根本无法说清它的意义到底有多大。它不仅改革了日本，更改变了世界，改写了人类历史。也许它同样是一个"不解之谜"，西方资本主义国家的形成都要一二百年，而日本在不到三十年的时间就变成了一个"年轻的资本主义强国"。

1868年，明治天皇在施政方针——"五条誓文"——明确宣布"破旧来之陋习""求知识于世界"，从而以最高权力代表的身份确立了打开门户，吸收西方文明的根本方针。明治维新一开始就严厉打击旧幕势力，平息了顽固派的一些叛乱，从而克服了三百诸侯的分立，实现了作为近代国家前提的统一国家。

废藩置县形成了统一的国内市场，这为资本主义的发展创造了极其有利的条件。随后，他们又颁布了《政体书》，对近代化国家进行了有益探索。《政体书》可以说是日本最早的国家基本法。1874年1月4日提出的《设立民选议院建议书》开始了日本民权运动的篇章。在人民的推动下，日本明治政府先后进行了政治、军事、学制等多项改革，逐步建立了近代西方国家体制，把日本推上了国力迅速发展的快车道。

▲ 东西方文明的搅拌器

日本文明，是多种文明交杂的结果；它通过自身内在机制的选择、沉淀，造就了一种灿烂的新文明。它可以将各种不相同的文明融合在一起，这就是搅拌器的功能。

学习以海军技术为重点的西方军事是日本在佩里走后的最早反应，从而开始了大批量的移植西方文化的运动。继军事技术之后移植的近代生产技术是纺织技术。1867年，日本建成了第一个西式机器纺织厂——"鹿儿岛纺织所"。1883年，大阪纺织株式会社开始以蒸汽为动力投入生产，这标志着日本近代纺织技术的移植已基本完成，成为19世纪日本产业革命的先锋。

1872年，日本建成了东京到横滨的铁路。1889年，东海道铁路干线修通。历经二十年，日本掌握了西方的铁路技术。与铁路同样受重视的是电信建设，维新政府成立当年就架设电信线，到1885年，便完成了连结北起根室南到鹿儿岛的电信网。

农林和水产等传统产业的近代化较为复杂些，但在政府的推动下，农业生产力也大大提高。

日本人注意到，要采取切实有力的组织措施，学习引进西方自然科学知识。从1871年到1888年，日本相继成立了东京卫生试验所、东京气象台、东京天文台等科学研究机构；1886年公布了帝国大学会，成立大学院，1887年便颁布了学位令，第二年全国就有25人获博士学位。这一系列举措，从组织、制度上为近代科学的移植和继续发展，创造了条件。

短短数十年的励精图治，日本完成了西方经过几百年才结束的近代化变革，一跃成为资本主义强国。

▲ "外面的世界很精彩"：日本开始走出汉语世界

长期以来，日本在中国文明的哺育下发展，与汉语文明形成了不可割裂的千丝万缕的联系。然而经历了"黑船事件"之后，日本把目光开始投向"西方世界",逐步迈上了"脱亚入欧"的征程。

准确地说,从获悉中国清朝鸦片战争失败的消息始,日本便开始用怀疑、轻视的眼光打量这个千年帝国了。而《日美和亲条约》的签订,日本的这种转向愈加清晰。日本的价值观顺序从往昔以中华世界为首位转变为将欧美世界置于首位。

日本的转向可以从汉语在日本的地位看出。最初佩里同日本交涉签订条约使用的是汉语,但在此后签订的条约都没有汉文本。从此,日本国内汉文所具有的意义以及用汉文表述的思想和价值也迅速模糊起来。到1854年6月,《日俄和亲通好条约》(《下田条约》)则专门讨论了条约的语言文字问题,约定以英语、日语作为条约的语言。这样,汉语在日本便从解决国家关系的条约中消失了。虽然这只是几片薄纸,却具有重要的象征意义——日本开始走出汉语世界。

"外面的世界很精彩"。1871年,日本内阁大臣岩仓一行率大型代表团出使欧美,亲身感受到了欧美先进文明对落后亚洲的压倒性优势。回国后,明治政府便正式确定了"脱亚入欧"的国家路线。

▲ "拿来主义" "生吞活剥加搅拌"

面对西方先进的科学技术,日本人的第一个反应是"拿来主义"。军事、工业、农业……统统移植过来,建铁路、兴电信、建工厂,努力摹仿西方,梦想建成西方式的文明。

当时"脱亚入欧"与"文明开化""殖产兴业""富国强兵"共同成为明治政府的最高指导方针。日本在这条路线的指导下,引进西方思想技术,高薪聘请欧美技师,立洋学堂,派出留学生,大兴教育。同时,在社会生活方面,日本也模仿欧美方式,新政府大员们频频参加化妆舞会,一时间日本兴起了"鹿鸣馆"文化。在西方文化的冲击下,日本人的观念亦发生了根本性的转变,西方的自由民权思想、功利主义、利润意识在日本得到广泛传播。这时的日本,西方的洋学兴盛,儒学受到批判,门庭冷落,日本历史和传统文化遭到否定,有的日本人甚至说"日本历史从现在开始"。政治方面，日本也大力引进西方政治体制，建立了类似欧美资产阶级国家政体三权分立的雏形。1885年日本建立了内阁制，1889年公布明治宪法，1890年开设国会。在对外战略方面，明治政府脱离了以中国为代表的落后亚洲，与西方强国为伍。

日本摄取西方文化，最初便是这样一个"拿来主义"的阶段，原封不动地移植和模仿，但到了19世纪末，创造与发展的倾向渐露端倪。

▲ "把根留住"

明治时代的思想家、政治家大隈重信在分析日本能在短短几十年取得长足进步的精神动力时说："日本国民自古以来感受外国文明的能力是敏锐的，同时又有着不丧失保持本国长处的执着力。"日本这种民族性格在曾对日本近代化起过重要作用的下层武士阶层身上表现得尤为明显。下层武士要求推翻幕府统治，他们既是实现维新的推动者，又是维新政府的主要当权者和西方政策的推行者。他们既拥有日本传统的文化素养，又积极介绍和传播西方近代文明。作为武士，一方面他们具有强烈的爱国心；另一方面他们为追求治国之道而治学，又在幕府统治末期的民族危机中，从实用主义出发，勇于接受以现代武器、兵学为先导的西方文明。这当然比通过科举制度任用长于诗文的中国更容易采用西洋文化，并把因此而带来的社会混乱止于最小限度内。日本迅速接受西洋文明并取得成效的同时，以武士道为代表的日本传统文化，仍占据着核心地位。

日本引进西方文明把重点放在自然科学和应用技术上；同时，资本主义生产方式和上层建筑的引进也必不可少。最终，日本将"东洋道德，西洋技术"的原则一直坚持了下来。这也是令人困惑不解的"马克思·韦伯悖论"。

19世纪70年代，日本的农民。

012　军国之路——近代日本兴衰画册

19世纪70年代，卖被褥的日本男人。

19世纪70年代,背草苫子的日本妇女。

19世纪70年代,日本的相扑比赛。

19世纪70年代,京都的小剧院。

京都的皇家海军司令部

美国马修·佩里海军准将1854年到日本签订条约

相关链接 明治天皇

睦仁，为孝明天皇的第二个皇子，生母中山庆子于嘉永五年九月二十二日（1852年11月3日）13时左右在京都石药师的中山邸中将他产下。九月二十九日，其父，孝明天皇即赐名"祐宫"，直至安政三年（1856年九月二十九日）才从中山邸移至宫中扶养。

万延元年（1860年）闰三月十六日，比原预定晚两年的皇室仪式终于进行。同年7月10日，英照皇太后将祐宫纳为子息，立定储君，其原因为日本皇室的继承只限嫡子，不承认庶子，但此举也影响尔后婚姻制度如大正天皇也为庶子出生。9月28日，祐宫得封亲王，并赐与讳名"睦仁"。

庆应三年（1867年）孝明天皇驾崩，睦仁继为天皇。翌年（1868年）8月27日，举行即位典礼，依《易经·说卦传》之"圣人南面而听天下、向明而治"改元"明治"，并将纳一条美子为皇后，是谓昭宪皇太后。

即位之初，睦仁于9月3日就颁布江户改称为东京诏书，将"江户"改名为"东京"，随后历经江户幕府戊辰战争，维新志士推翻德川幕府的统治，而在革命分子的鼓舞之下，于12月9日宣布王政复古，拥戴以他为首的政府建立君主专制政权，并大力推行有利于发展资本主义的明治维新改革。明治二年（1869年）十月十三日，明治朝廷开始迁都东京，直到明治四年（1871年）8月23日完成首都机能转移。

明治四十五年（1912年）七月三十日，睦仁因糖尿病去世，享年59岁。明治天皇与昭宪皇太后去世后，灵柩由火车运送经东海道本线运到京都府，葬于京都市伏见桃山陵。

第二章

狼子野心　初露狰狞

随着封闭的日本社会被佩里的舰队打开缺口，日本便自觉地开始其筑造"太阳帝国"的梦想，开始了它的近代史。明治维新把日本推上了经济发展的快车道，短短几十年，日本一跃成为资本主义强国。羽翼初丰的日本便暴露了它的野心，向它的恩师——中国——伸出魔爪，发动甲午战争，随后侵占了朝鲜。20世纪的日俄战争是日本第一次向西方挑战，并以胜利告终。日本统治者被胜利冲昏了大脑，飘飘然起来，愈加不把亚洲的国家放在眼里。法西斯的幽灵诞生了，从此一发而不可收。

▲ "羽翼刚丰"的不肖逆徒

1875年9月日本《朝野新闻》写道："而今量度我日本帝国开化之进步，已超越顽愚之支那，凌驾固陋之朝鲜。"日本成了"东亚之巨"。日本的近代化的下一步便是对亚洲国家进行扩张。

江户时代以前唯中国马首是瞻的日本，到了1874年就开始了对中国的侵略，武力进犯台湾，1879年吞并了琉球国。从1885年起，日本进行了十年扩军计划，并于1892年提前完成，积累了张扬武力的资本。

1894年，日本和当时的中国清政府之间终于爆发了战争。日本蓄谋已久，中国仓促应战，结果当然是腐朽的清政府割地赔款，日本乘机发了战争财。

甲午一战，日本发现庞然大物的中国原来软弱可欺，不料沙俄为了自身利益迫使日本退还辽东半岛，日本统治者认之为"千古未有之大辱"。在"卧薪尝胆"的口号下，日本开始更大规模的整军备战。终于，在1904～1905年的日俄战争中，获得了胜利。日本便更"飘飘然"起来，觉得自己羽丰翼满，"横行天下无敌手"了。从这时，日本法西斯主义的幽灵便诞生了。

日俄战争结束后，日本又吞并了朝鲜，实行赤裸裸的殖民统治，为它的工业发展和军事扩张拼命压榨朝鲜人民。

▲ 梦醒时分为谁痛？

甲午战争的惨败，使中国无数仁人志士从"老大帝国"的旧梦中彻底醒悟起来，于是，康有为、梁启超走上了改革路，孙中山、黄兴踏上了革命程，伟大的旗手鲁迅也开始了他的救国梦……然而，中国失败的症结又在何处呢？

日本迅速地吸收了西方科学、文化，而中国到了甲午战争之际拥有的几艘军舰，也都毁于一役。也许有人说，太平天国起义削弱了大清国力，然而，深层原因恐不在此。

日本在维新初期，能够做到大量移植复制西方文化，而后逐渐强调创造与发展，这是日本迅速崛起的主要原因。大胆学习借鉴，才能摆脱落后；有所创见、发展，便可赶超和领先。但中国连前一点也未能做到。

也许中国的历史包袱太过重了，几千年文化历史的沉积，压在每一位深读"十三经"的"统治阶级"心头，是一份不轻的负担。日本之所以能够迅速走出中国的影子，"脱亚入欧"实现近代化的革命，与其无自身深厚文化也不无关系。从更深的层面上来看，中国的传统文化是单一型的（并非什么都可），而日本文化则是并存型的（什么都可以）。例如，在中国，花茶、绿茶、乌龙茶因地区而清晰区分；而在日本，同一个人每天都可能喝红茶、咖啡、绿茶、乌龙茶等各种饮料。日本文化之所以采取"什么都可以"的基本形态，很大的原因恐怕还在于日本的国家与文化的形成。根据现代考古学、民族学和社会学的研究成果，日本有着南方系统的因素和北方系统的因素。日本存在着这样的前提，而且又是岛国，在根底上有着这样的接受心理，所以可以放心地吸收外来文化，并且随之而来的抵抗也就很小。而中国几千年文明"祖宗"之遗产是断然丢不得的，它吸取外来文化的最高限度也不过是一个"中体西用"。

相较中国来说，日本自古以来摄取他国文化的时候，不仅是技术，也包括文学艺术，总是全面地加以吸收；而中国吸取他国文化则少得多，属于部分摄取型。这同中、日两国的性质也有关系，中国文化是发生型的，是自生的，而日本文化则是摄取型的，没有自身深厚的根基。所以，日本从"富国强兵"的立场出发，主要摄取了科学技术，同时也未忽视法律和制度等方面的引进、建设。中国则常常陷入"师夷长技以制夷"的局面上。

日本近代化迅速成功的原因，还有一点便是自我牺牲和集体精神，也就是日本是非亲族协作型的。这样的社会的主要伦理思想是"忠"，亲族协作型的主要伦理思想则是"孝"。中国正是这种伦理型社会，人们陷入"忠""孝"蔓延而连结成的大网而无法脱逃。这样的社会进行资本主义的生产方式当然是无法成功的。

1904年，日本皇家海军元帅东乡平八郎。

东乡平八郎参加过侵略中国的甲午中日战争，1934年去世。

1895年甲午中日战争后，疯狂的日本民众在大肆庆祝。

明治天皇检阅皇家海军军舰

1905年7月，日俄在中国东北地区交战。

1905年日俄战争期间，日本飞机轰炸在山东胶州湾的俄军阵地。

第二章 \ 狼子野心　初露狰狞 \ 029

1905年，一个日本妇女送给情人的诗歌——《胜利之歌》。

030 军国之路——近代日本兴衰画册

日本发行的庆祝成为世界强国的明信片

第二章 \ 狼子野心　初露狰狞 \ 031

这是一张由日本军官从中国发往本国的新年贺卡

20世纪20年代,东京的九段下地区。

1905年俄国投降后,日方代表(第二排左边第二个)和俄方代表(第二排左边第一个)会面。

相关链接 日本最有影响力的将军

东乡平八郎元帅是日本历史上最有影响的人物之一，今天在东京市中心仍然有他的纪念馆。他在1904～1905年的日俄战争中指挥军队打败了俄国，首次证明了日本可以与西方列强相匹敌。

东乡平八郎元帅于1868年明治维新时代加入日本皇家海军，亲眼目睹了日本海军的发展变化：从中世纪身着和服、佩带武士剑的军队转变为以当时世界最强大的以英国皇家海军技术和管理为基础的军队。加入海军之前，他去横滨学习英语，1871年成为海军候补少尉。几个月后，他与另外11名同行被派往英国皇家海军学习。这期间，日本政府向英国订购了3艘军舰。1894年的甲午中日战争中，他亲率一艘军舰参战。1896年他成为日本海战学院的院长，1900年成为舰队司令。三年后他被调到海军军部，从那里得知日俄战争即将打响。

明治天皇钦定的军事战略非常简单——日本将不宣而战。向俄国亚瑟港的太平洋舰队进攻时，东乡平八郎采用闪电战，命令驱逐舰冲进敌阵发射鱼雷。1905年5月东乡平八郎在对马海战中摧毁了俄国的波罗的海舰队，这又是一次巨大的胜利。在日本，当时除了天皇以外，东乡平八郎是最受尊敬的人。

日本学生和军校学生都须认真学习亚瑟港战役和对马战役的经验，尤其要知道闪电战的效果。就连不久就要成为天皇的年轻的裕仁王子也要学习东乡平八郎留下的战略战术，了解其重要性。

第三章

磨刀霍霍　步入"军国"

第一次世界大战的日本捡尽便宜，继承了德国在山东的权利，只是由于遭到中国人民的强烈反对，才没有全部得逞。然而，日本的野心恶性膨胀，1928年沈阳皇姑屯，关东军炸死了张作霖，从此炸开"北进论"，把中国东北当作他们全面侵华的前哨阵地。

▲ "鹬蚌相争，渔人得利"——一战中见机行事、混水摸鱼的日本人

1904年至1905年的日俄战争确立了日本在东亚的霸主地位，使它有可能放手对中国进行侵略，而第一次世界大战则为日本提供了一个绝好的扩张机会。

"欧洲早晚必有干戈破裂、马蹄蹂躏中原之时期。我国固不应干预欧洲之变乱，但欧洲变乱之波及必甚广，由此必动摇东洋诸国，以致东洋亦发生兵乱。……当此之时，我国若拥坚固之兵舰二十只，精锐之陆兵10万名，即可争衡于东洋，见重于欧洲。"这是日本军事家和政治家谷干城1887年写的话。1914年正是这样的时机，新兴的日本脱颖而出，实践了谷干城的战略。

1914年8月第一次世界大战爆发。日本在"英日同盟"的幌子下，从8月23日对德宣战起，两个月内便侵占了中国的山东半岛。而后，日本海军借口寻找德国舰队主力而南下太平洋，于十月中旬占领德属马绍尔、马里亚纳和加罗林诸岛。

日本被轻而易举的胜利冲昏了头脑，首相、军部首脑等纷纷叫嚣着要趁机扩大在中国的权益直至由日本统治中国，并于1915年与当时中国北洋政府头子袁

世凯，签订了旨在灭亡中国的"二十一条"。日本还企图趁西方列强忙着火并、无暇东顾之际，趁火打劫独占中国。此时的中国人民坚决反对，全国各地展开了更加猛烈的反日、反袁斗争，卖国的袁世凯政府不久即被推翻。在全国人民的强烈要求下，北洋军阀政府最终宣布废除与"二十一条"有关的各种文件。

日本在中国的举措也遭到了英美等国的强烈反对，并导致当时大隈内阁辞职，寺内内阁上台。寺内内阁打出了"王道主义"旗帜，企图通过对华贷款达到"二十一条"的目的。"西原借款"就是寺内内阁的产物。寺内内阁接受了西原龟三郎对中国贷款的方针，1917年与北洋政府合办"中华汇业银行"，专营借款业务。通过贷款，段祺瑞对日本帝国主义俯首听命，尤其是他签订了《中日共同防敌军事协定》，使中国在军事上从属于日本。但由于"西原借款"大都没有担保，历届北洋政府无力归还，大部分成为呆账，因此，它也没有达到预设的目的。

第一次大战中的日本不仅打劫殖民地，还获得了经济实惠。由于战争，欧美商品退出亚洲市场，加上大量的军需定货，使日本从债务国变为债权国，成了"一战"中的暴发户。然而，"一战"中的日本人民却因通货膨胀，物价上涨等原因反而更加贫穷。结果，战争一结束，日本就爆发了大规模的"米骚动"（抢米风潮）。

▲ "民族自恋"的狂想曲

"日本是神国""天皇是现人神""日本人是天之子孙"，这种狂热的信条与希特勒的"日尔曼民族优越论"何其相似！希特勒借此扬言雅利安人担负着拯救欧洲文明的责任，而日本人则因此吹嘘自己应当成为亚洲文明的保护者，其他的民族则应受这些"优越者"的统治和奴役。

日本人设想了"理想"的国际秩序叫"八纮一宇"，也就是要"征服世间的四面八方，置诸一个屋顶之下，由日本天皇来统治，将日本置于"亚洲的救世主"的地位。

一个法西斯主义的幽灵开始在日本群岛游荡。

日本社会中不断出现帝国主义的思想言论，为日本法西斯的上台和发动侵略战争拧紧了发条。法西斯思想家北一辉在1919年的《日本改造法大纲》中就公开宣扬扩军备战，使印度和中国均纳入日本的绝对势力范围，并把东南亚和西南太平洋划入日本的版图。

一些反动文人则称侵略中国"是宣布施王道"。一时间，帝国主义思想甚嚣尘上，日本上下被鼓噪起来。1927年，日本开始酝酿征服中国，定下了"惟欲征服世界，必先征服支那；如欲征服支那，必先征服满蒙"的密计。

1936年，日本少壮派发动"二二六政变"，他们宣称："神国日本之国体，体现于天皇陛下万世一系之统帅，其目的系使日本天赋之类，传遍八舷一宇，使普天下之人类，尽享其生活之幸福。"

一场战争势不可免……

▲ 皇姑屯事件，炸开了"北进论"

正当日本国内大张旗鼓地宣扬军国主义思想时，一批关东军军官在军部中央的支持下，于1928年6月在皇姑屯炸死了"东北王"张作霖。从此，日本成为远东战争策源地，日本实行国家法西斯化正式开始。

日本人炸死张作霖之后，迅速攻占中国东北。而以蒋介石为首的国民党政府推行"不抵抗"政策，使我东北大好河山在几个月内沦陷于日本人的铁蹄之下。日本后来又试图侵占上海，遇到中国军民的奋勇抵抗，挫败了他们的阴谋。美英看到自己的在华利益直接受到威胁，也派军舰到上海向日本施加压力，日本被迫于1932年5月与中国政府签订了《淞沪停战协定》。

然而，日本的"北进论"由此开始。日本人把清废帝溥仪挟持到东北，成立伪"满洲国"，东北三省完全成了在傀儡政权下的日本殖民地。

▲ "惟欲征服世界，必先征服支那；如欲征服支那，必先征服满蒙"——日本制造九一八事变，蓄谋已久

九一八事变是日本军国主义一贯推行侵华政策的必然结果，也是变中国为日本殖民地的既定步骤。日俄战争后，日本势力逐渐进入南满（即东北南部地

区）。1927年日本国内爆发的经济危机使日本加快了对华侵略步伐。与此同时，日本国内政局也发生重大变动，由日本军部田中义一上台组阁，狂热地推行侵略扩张政策。田中上台不久，即召开"东方会议"，制定了《对华政策纲领》，公然提出要使东北脱离中国，成为日本的殖民地，并称东北地区对于日本"国防上及国民生存上有重大的利害关系"，因此，"万一动乱波及满蒙，我国在该地区的特殊地位、权益遭受损害时，将予以保护……应决心不失时机地作出适当措施"。"东方会议"的真正目标是：使满蒙脱离中国，置于日本势力之下；由日本来掌握该地区的主权，并由日本负责该地区，强调东北是日本帝国的生命线。1930年10月，日本法西斯军人组织了所谓"樱花会"，赤裸裸地鼓吹对中国东北进行侵略，关东军内部主张对中国使用武力的人数迅速增加。1928年，田中义一内阁倒台，到1931年夏天，好战军人的影响力不断增长，其核心人物有侵华的急先锋板垣征四郎和石原莞尔，关东军司令部全体军官都公开地参与了这类活动。他们大都认为，使用武力保护日本在东北的权益是无可非议的。1931年7月，日本陆军省制定了《解决满洲问题方案大纲》，明确提出了武装侵略东北的步骤和措施。与此同时，日本关东军开始在东北寻找挑衅借口。

1931年夏，日军挑拨中朝关系，然后制造了屠杀中国农民的"万宝山"事件；8月，为日本关东军搜集情报的中村被中国军队捕获并处决。"中村事件"的发生进一步加剧了东北地区的紧张气氛，日本国内舆论也就此事件大做文章，为日本占领东北鼓唇弄舌。"中村事件"发生后，关东军开始占据南满铁路沿线的战略要地。田中义一在呈奏天皇的奏折（《田中奏折》）中更加露骨地表明了日本要变中国东北为其侵略扩张基地的野心："惟欲征服世界，必先征服支那；如欲征服支那，必先征服满蒙。"世界性资本主义经济危机加剧后，日本进一步加快了武装侵华行动，此时的西方国家正为本国经济危机而焦头烂额，这也为日本在远东地区采取行动创造了机会。

日本关东军内部的少壮派军官具体策划了九一八事变。1928年6月，关东军在皇姑屯炸死了奉系军阀张作霖，动机就是建立一个完全听命于日本的傀儡国。然而，这一目标并未实现。张作霖死后，张学良成功接管了奉系，成为了奉系的新"掌门",在东北全境易帜,服从于南京国民党政府的领导。张学良此举恶化了同日本人的关系,日本政府对东北局势的发展感到十分沮丧,特别是关东军内部的少壮派军官认为必须赶走张学良,占领整个东北。1929年4月,日本参谋本部在一次高级别会议上提出一项计划,旨在把东北变成(日本)自给自足的基地,并在沈阳郊外举行多次军事演习。1931年9月15日,日本外相收到一份来自日本驻沈阳总领馆的电报,称一个月之内将有大事件发生。经过一番精心策划和导演后,九一八事变终于发生。

谈到张学良,这里介绍一下1990年8月他接受日本NHK协会会长井晓义则采访时的一番谈话。他说:"我一生都被日本毁了。我父亲被日本杀了,家庭被日本破坏了,财产也被日本抢夺了。这是最不合理的。我年轻的时候,不肯把我的政治态度说出来,现在老了,才肯说这些话。我是很有反抗性的一个人,凡是我认为不合理的,不管对谁都要反抗。看得对不对那是另外一个问题,对自己认为不合理的,甚至连父亲也要反对。我就是这么一个人。现在90岁了,脱开了政治环境,我才说这些话。有许多事情我为什么要反抗?因为我觉得那些事情不合理,我对自己什么权力、生命、财产毫不在乎。我是那么个人。

"过去,到日本去时,接触到日本文化,非常佩服,也有我尊敬的日本人。过去也是这样,今天我也尊敬日本人,例如在科学的一些领域里日本已超过了美国我也很佩服……

"中国和日本的文化非常相近。中国虽然人口众多,国土辽阔,但是过去和现在都比日本落后,这是事实,所以可以不把中国看成是兄长,而要看作是'弟弟'。日本和中国相互合作,为了利用中国的物资和资源,日本若能帮一把力就好了。但是过去的日本脑袋里只想着用实力吞并中国。

"今天的日本已经不像过去那样用武力侵略了,可是搞经济侵略也不行。有句话说:'以德服人',向弱者伸出援助之手,弱者将感动并自然图报。日本应知道:'帮助他人,到头来帮助了自己,不应期待什么报酬。'

"我有一句话一定要对日本青年讲讲。首先要很好了解日本过去的错误,不能再想日本过去的'威风'。孔子说:'夫子之道,忠恕而已。'有德之人忠恕，就是说对他人要竭尽体谅之意思。所谓恕，是宽恕他人之心。日本有'忠'，但未有'恕'。也就是关心体谅不多。日本政府对外国以及对国民、都缺少'恕'。

"我反抗了日本人，但并不是总在反抗。就连我也有时体谅、原谅他人。所谓体谅是什么意思呢？那就是考虑到对方的处境，对方的动机、难处，想象并理解对方为什么采取那种行动。我希望不仅日本的青年，尤其是负责的人，也要具有体谅他人的心情，必须考虑体察对方的感情。与他人合作，你并不付出牺牲。《圣经》中说'施比受好'，请仔细玩味这句话的意思。

"我说了不少不客气的话，并不是要责备任何人，而是希望年青人如实地了解过去发生的事。今天的青年们，同我们那个时代不一样，可以进行相互理解，相互往来，相互认识。我在想，如果过去同日本的青年能更好地相互理解的话，不知历史又将会怎么样。所以，我对世界的青年抱有希望。我希望世界的青年在文化、科学、经济方面互相合作，互相理解，建设一个和平繁荣的世界。我已经 90 岁了，不会活多久了。但是我期待世界将会更美好。"

▲ 日军占领东北与国民政府不抵抗政策

1931 年 9 月 18 日晚约 10 点钟，日本关东军终于伸出了罪恶的黑手。他们的特别行动组炸毁了沈阳郊外的一段南满铁路后反诬是中国军队所为，紧接着，日军炮轰沈阳郊外北大营的东北军营地，进而攻陷沈阳城。

日本关东军攻击北大营时，身为东北军统帅的张学良立即向南京请示，蒋介石回电内容是：为了避免局势进一步恶化，必须坚持不抵抗原则。由于东北军执行了蒋介石的不抵抗政策，致使东北国土在短期内沦入日寇之手，3000 万东北同胞沦为日军铁蹄下的奴隶。九一八事变是中国现代史上的奇耻大辱，全世界也为之瞠目结舌、惶然不解。因为事件发生前，中国东北边防军虽然有相当部分精锐部队入关助蒋，但留在东北的守备部队仍有 15 万人，而此时关东军总兵力不过 1 万人左右，加上朝鲜的日军，最多不过 2 万人。双方兵力如此悬殊，而关东军竟能一夜之间占领沈阳，4 个月之内占领东北全境，吞并了相当于日本本土3倍的中国领土，这不能不说是一大"奇迹"。然而这并不奇怪，中国守军一直奉行的是不抵抗政策，张学良自己就曾经说过："我早令我部官兵对于日军挑衅，不得抵抗，故北大营我军，早已按照命令收缴武器存在库房。当日军进攻消息传来时，我立刻下令收缴军械、不得还击，所以日军进攻北大营与其他各地时，中国军队并无有组织的报复行动。"正因为如此，日本关东军才横冲直撞，除了在黑龙江受到马占山的抵抗外，几乎没有遇什么有效抵抗。在这一点上，张学良有责任但罪魁祸首是顽固推行"攘外必先安内"和"不抵抗政策"的蒋介石。

蒋介石本人对日本侵略者策划事变、分裂东北的阴谋并非一无所知。在事变发生前，蒋介石就一再告诫张学良要尽可能避免同日军发生直接的冲突。"中村事件"发生后，蒋又告诉张学良：现在还不是同日军作战的时候。他发给张学良的电报说："无论日本军队此后如何在东北挑衅，我方应予不抵抗、力避冲突。吾兄万勿逞一时之愤，置国家与民族于不顾。"不抵抗政策不仅断送了东北，也使张学良背上了"不抵抗将军"的罪名。九一八事变传到南京后，国民党中央常务委员会立即举行紧急会议，商讨对策，张学良的澳大利亚籍顾问端纳建议中国政府将此事提交国际联盟裁决。

▲ 国联调解的失败

1931年9月21日，南京国民党政府正式向国联申请裁决。与此同时，中国政府希望美国政府运用《九国公约》来约束日本的侵略行径。蒋介石要求全体国民在国联作出裁决前保持"耐心"。国际联盟根据中国的请求，于9月30日通过一项决议，要求日本把它的军队从东北各地，特别是从辽宁省撤回南满铁路沿线，但是国联的声明同时又说日本对中国东北"无领土野心"。国际联盟的上述做法实际上是帮了日本的忙，所以日本政府表示十分满意。10月27日，日本驻国联代表向国联理事会提交了一份解决九一八事变的五项条款：①彼此放弃侵略的行动；②尊重中国的领土完整；③完全终止一切有组织的干涉自由贸易和激起国际间仇恨的括动；④有效地保护整个东北的日本侨民，允许他们从事任何和平的职业和工作；⑤尊重条约中规定的日本在东北的各项权利。日本在五项条款中颠倒黑白，明明是日本武装侵略中国东北三省，却说什么"彼此放弃侵略行动"；明明是日本帝国主义者掠夺中国资源，却说成是日本的合法权益。对日本的强硬立场和国联的暧昧态度，蒋介石更加一味地妥协，他在南京宣布：我国民此刻必须上下一致，先以公理对强权，与和平对野蛮，忍痛含悲，暂取逆来顺受的态度，以待国联公理之判断。甚至在日本无视国联要求其撤军的命令，决定永久占领东北后，蒋仍把中国的命运完全托付给徒有虚名的国联，"并保证要始终如一地与国联合作"。当时的国际联盟是帝国主义把持下的国际组织，根本就不会主持公道，为受到日本侵略的中国政府说话。国联理事会中的德、意两国早与日本沆瀣一气，相互达成默契；英、法虽然不满日本在中国势力范围的扩大，但又采取一种坐视的态度；唯一有实力对日本构成压力的美国则徘徊于国联之外，奉行孤立主义。在这种情况下，中国国民党政府请求国联制裁日本无异于白日做梦。

▲ 扶持傀儡，建"满洲国"

九一八事变后，日本军国主义者开始积极筹划伪政权，以便巩固它在东北地区的军事占领。九一八事变的第四天，日本关东军参谋部便制定了《满蒙问题解决方案》，确定"建立宣统帝为元首，领土包括东四省和蒙古，得到我国（指日本）支持的新政权"的原则，并进一步规定这一政权的"国防及外交由新政权委托日本帝国掌握，交通及通讯的主要部分已由日本管理"，为后来"满洲国"的建立制定了所谓的蓝图。在日本帝国主义支持下，到1932年初，东北各地伪政权纷纷成立，县一级的伪政权头目均由日本的走狗担任；为了建立傀儡政权，日本大造舆论，编造"东北诸省面临着必须立即发起在满洲及蒙古建立新独立国家的国民运动"谣言，还大量散发"满蒙独立运动"的宣传品。1932年3月，日本以威逼和利诱手段把清朝废帝溥仪挟持到东北。溥仪粉墨登场，宣告建立"满洲国"，从此同国民党政府脱离关系，东北各省完全独立。日本关东军实际上是伪满洲国的"太上皇"，大权均为日本人所掌握。9月，日本承认伪满洲国，同时与伪满签定了"日满议定书",规定以往日本在东北"所享有的一切权益,应予以确认和尊重","两国相约共同负担防卫国家的责任",为此需要日本军队驻扎在"满洲国"内。这一"议定书"表明:"满洲国名义上是独立的国家,而实际上是日军占领下的殖民地。"(井上清,《日本近代史》)

日本占领东北全境后,不仅获得了丰饶的物产和战略资源,而且也为进一步南侵中国铺平了道路。

第三章 \ 磨刀霍霍 步入"军国" \ 045

20世纪20年代末，裕仁天皇骑马照。

1921年，裕仁王子在英国访问，会见英国首相劳埃德·乔治。

1921年，裕仁王子在英国访问期间观看英国皇家空军飞行表演。

048　军国之路——近代日本兴衰画册

20世纪30年代，侵略中国的日本军队。

第三章 \ 磨刀霍霍 步入"军国" \ 049

20世纪30年代，侵略中国的日本军队。

1932年日本为把中国东北地区变为"独立国家"与伪满傀儡政权签订协约。

第三章 \ 磨刀霍霍 步入"军国" \ 051

1932年,一·二八事变后日本海军士兵悼念死去的同伙。

三个侵华时期的日本兵

20世纪30年代，用于侵略中国的日本重型坦克。

20世纪30年代，日本侵华军队在夜间露营。

054　军国之路——近代日本兴衰画册

20世纪30年代，日本海军去参战前在东京的靖国神社参拜。

相关链接 裕仁

　　裕仁死后被日本人称作"昭和天皇",但是战争期间人们称之为"裕仁"。尽管在他的晚年生活中,人们看到的只是一个每天早上吃熏猪肉和鸡蛋、戴着米奇牌手表、年迈体弱的老人,但是人们很难忘记1945年以前日本天皇被法定为神圣的上天之子。当时,臣民不许见天皇本人,甚至不许直呼其名。

　　"二战"后同盟国就如何处置天皇一事进行了讨论:是否把裕仁天皇和首相东条英机一并指控为战犯,叫他为日本官兵以他的名义在亚洲和太平洋犯下的累累罪行负责?他是否应该为1941年日本对同盟国发动的战争负责,为此受到法律的制裁?他对手下在南京犯下的滔天罪行、对731部队臭名昭著的生化战争以及对同盟国的战俘所遭受的凌辱虐待知道多少?

　　尽管后来的事实表明裕仁完全知道日军所作所为,而且在每届政府决策中他都充分发挥了作用,但裕仁还是躲过了审判。这一决定主要是麦克阿瑟将军做出的。麦克阿瑟当时是战后日本占领军的总司令,他认为保留帝制很有必要。帝制可以防止日本社会的内部解体,也可以避免日本转为共产党国家的可能性。决定一经形成,每个要接受审判的战犯都接到了命令,不准他们在法庭上提到裕仁。东条英机对律师说:"日本臣民的所作所为都不会忤逆天皇的旨意。"当时检察官劝他不要在法庭上这样说。

　　裕仁是第一百二十四代日本天皇。就时间长短而言他是历代天皇中统治期最长的一代天皇。他从1921年开始"统治"日本,在他父亲身体日益衰弱的情况下做了摄政王,其统治一直延续至1989年他去世为止。1926年裕仁正式即位,改元昭和(意为昭示和平)。这一年号是对他执政现实的极大讽刺。

裕仁出生于1901年4月29日，是大正天皇的长子。而大正天皇是明治天皇的长子。裕仁7岁就读于贵族学校。该校由极端保守的皇家顾问亲自挑选出的著名将军、海军上将和学术专家管理。裕仁自幼被灌输自己是神的观念，而长期的神道礼仪和宫廷传统又加强了他神的意识。

　　1921年裕仁到欧洲旅行。他是日本第一个到欧洲旅行的皇位继承人。欧洲之行让他摆脱了日本皇室的种种约束，给他留下了深刻的印象，尤其跟英国王室在一起的日子给他的印象更为深刻。后来他对他的弟弟说："在英格兰期间我第一次感受到自由。"从欧洲返国后，他因父亲患精神病而摄政。1932年，日本发生了可怕的关东大地震。此后不久，一个年轻的持不同政见者企图暗杀裕仁。虽然裕仁未受伤害，但是这一刺杀事件导致了政府的全体辞职。1924年裕仁不顾皇家顾问的反对娶了良子。两年后，大正天皇嘉仁病故，裕仁在隆重的仪式和盛大的庆典中登基。

　　至少有两次他利用自己的权威成功地解决了问题。第一次是1928年日本首相拒绝对叛军军官采取行动，为此，裕仁逼迫首相辞职；第二次是他挫败了1936年2月的军事政变。

　　日本战败后，裕仁在无线电播放的录音讲话中宣布了投降的决定。这是他首次公开对自己的臣民发表讲话。几乎所有的臣民也是第一次听到天皇的声音。有趣的是，在讲话中，他只字未提投降或日本打输了这场战争，他只是说世界形势发生了巨大的变化，他要求臣民"要忍受难以忍受的现实"。由于首次听到"鹤声"（天皇的声音被喻为"鹤声"），许多人都放声哭了起来。

　　战后日本让人最难忘的情形是：裕仁在广岛面对广大民众独自一人站在木站台上，手里拿着皱巴巴的灰色礼帽，犹豫不决地向人们致意。"万岁！万岁！"人群中响起了一片震耳欲聋的祝福声。这表明尽管战败令人蒙受屈辱，但天皇仍是日本的灵魂。

裕仁1989年1月7日去世。此前数月，他饱受疾病之苦，面容枯槁，日本媒体每一分钟都会报道裕仁的病情，他的每一次手术、每一次注射都被公之于世。虽然在裕仁执政期间日本经历了历史上唯一一次而且是绝对灾难性的惨败并被外国占领，但他也目睹了日本像不死鸟一样在灰烬中再生，成为世界第二经济强国。

第四章

侵略成性　扰乱世界

在第二次世界大战中，日本西侵中国华北、中南，东袭美国珍珠港，南侵东南亚。一时间，日本"太阳帝国"的梦想仿佛就要实现了。但是，1945年8月，两颗原子弹炸醒了日本人的迷梦。

▲ 中日大较量

抗日战争若从七七事变算起，一共进行了八年之久，若从九一八事变算起则长达十四年。中国人民的抗日战争一方面是一个东方伟大民族争取民族解放的战争，另一方面又是第二次世界大战中反法西斯盟国所进行的一系列战争中的一个重要组成部分。中国人民和军队为彻底打败东方法西斯日本作出了重要贡献，同时也付出了巨大的民族牺牲，它奏出了中华民族不畏强暴，反抗外来入侵的英雄壮曲。

1931年九一八事变后，日本帝国主义强占了中国东北，然后，日本按其既定方针，将魔爪伸向华北。1937年7月7日，日军挑起了卢沟桥事变，从此揭开了中国人民艰苦卓绝全面抗战的序幕。

卢沟桥事变后，日军先后攻陷平、津两市，侵略气焰万分嚣张。他们不仅在华北展开大规模攻势，而且从上海向中国腹地进攻，继续扩大侵华战火。中日双方军队在上海爆发了一场异常激烈的战斗，史称淞沪会战。在会战中，日本侵略者损兵折将，被击毙9千多人，伤3万多人，中国军队亦遭受巨大伤亡。在战斗中出现了许多催人泪下的故事，如八百勇士坚守四行仓库，宁死不屈，表现了中华民族的崇高气节。中国人民从南到北，从东到西，燃起了全国抗战的烈火，使日寇像一头闯入火网的困兽。中国共产党领导之下的敌后战场上，八路军、新四军等抗日武装英勇作战，在广大人民的配合下，取得许多重大胜利，给日本侵略者以沉重的打击。在战争初期，中国人民基本上是孤军奋战，而当时的英、美等西方国家则采取了隔岸观火，甚至助纣为虐的政策，美国国务院竟称在日本对中国的侵略中"双方应负共同责任"。英、美在抗战初期，不仅在政治上纵容日本侵略，而且在经济上供给日本大批与战争有关的物资。据日本官方统计，卢沟桥事变一年后，美国输往日本的军事战略物资竟达到日本全部消耗的92%。美国《华盛顿邮报》1937年8月29日这样写道："美国的废钢铁在远东起了可怕的作用，大炮、炸弹、军舰都是用旧金属制造的。"

在反对日本侵略的战争中，在中国这块土地牢牢地牵制了日军在亚洲的大部分兵力。七七事变后，日本陆军24个师团中有21个被派往中国战场，2700架作战飞机中有800多架被派往中国，也就是说日本将其陆军兵力的87%、空军兵力30%以上集中到了中国战场。1938年，日本陆军师团一共有34个，其中竟有32个在中国，占94%，可谓"倾巢出动"，妄图"速战速决"地灭亡中国。1938年3月，中国军队在第五战区司令长官李宗仁的指挥下与敌在台儿庄展开了拉锯战，共歼灭日军万余人。同年8月，中国军民又进行了保卫武汉的战役，日军使用24个师团（占其总兵力70%），与之对峙的中国军队共60万人。中国军队歼敌2万余人。到1938年底，日军在中国战场上已损失10万人。1939年，日军在华陆军师团有34个，占兵力的82%。1940年，日军在华兵力为38个师团，占总兵力的77%。1940年8月，华北地区的八路军在彭德怀的指挥下发动"百团大战"，消灭日军2万余人，沉重打击了日寇的侵略气焰。1940年年内，中国军队共歼灭日军27万人。1941年太平洋战争爆发后，日本一部分兵力南下东南亚，但在中国战场上仍留有60%的兵力。1941年冬季，日军集中12万人围攻长沙，中国守军成功地进行了长沙会战，歼敌5万余人，这不仅鼓舞了中国人民的抗日斗志，也有力地配合了盟军在太平洋地区的作战。美国海军部长在其告中国人民书中称之为"同盟国家的共同胜利"。1942年，日军在中国战场上投入 37 个师团，占其陆军总兵力的 63%。为了配合盟国太平洋作战，中美英三国商定，组织中国远征军入缅作战并建立中国战区。1943～1944 年中，日寇主力师团中的 50% 以上仍被拖于中国战场。当时，日本在太平洋战场上正节节败退。而在中国战场上，中国共产党领导的人民武装经过七年的敌后斗争考验，战斗力日益增强。这一年，中国军队收复了大片沦陷国土，日本帝国主义已陷入了穷途末路、四面楚歌的境地。美国总统罗斯福曾经比较公正地评价了中国抗战的重要性：如果没有中国，日本可能很快打下澳洲、打下印度、一直冲向中东，和德国配合起来……如果发生这种情况，战胜法西斯就会付出更大的代价。

1945 年，日本帝国主义走向了全面失败。4 月 30 日，苏军攻克柏林；5 月 8 日，德国投降。6 月 8 日，日本政府召开会议，通过《战争指导基本大纲》，企图进一步动员人力、物力，准备进行"本土决战"，甚至打算在局势万分危机的情况下将日本天皇和大本营迁到中国长春。7 月 28 日，日本政府无视同盟国《波茨坦宣言》要求日本无条件投降，认为"只能完成战争"。8 月 6 日和 9 日，美国在日本广岛和长崎各投下一枚原子弹。8 月 8 日，苏联对日宣战，9 日，集结在中国边境的 150 万苏军在华西列夫斯基元帅的亲自指挥之下，分路进入中国东北和朝鲜，在东北抗联和人民的支持下，迅速击溃了日本关东军。8 月 9 日，毛泽东在延安发表《对日寇最后一战》的声明，号召人民配合盟军，对日寇进行全面的反攻。8 月 15 日，日本终于宣布无条件投降。1945 年 9 月 2 日，作为战胜国代表，中国的徐永昌将军在东京湾的美国"密苏里号"军舰上代表中国在日本无条件投降书上签字。同年晚些时候，双手沾满中国人民鲜血的日本侵华军司令冈村宁次向中国政府代表何应钦亲手交出了指挥刀。

中国抗战以中国人民的彻底胜利而告结束，但中国也为此付出了巨大的物资损失和人员伤亡。中国人民所付出的民族牺牲是任何参战国所无法比拟的。第二次世界大战中，中国共伤亡军民 3500 余万人，其中军队损失 380 万人，而当时美英法三国的人员损失数分别是 110 万人、38 万人和 81 万人。中国经济在战争中的直接损失高达一千多亿美元，而这一组数字对经济基础十分薄弱的中国来说无疑是天文数字。

▲ 从卢沟桥到珍珠港，"奴才之道"的神话

从炮轰卢沟桥到偷袭美国珍珠港，日本这部疯狂的战争机器超负荷地运转起来，以它的弹丸之地，侵占了广大地区。日本人在国内外则似乎是发疯了，为"天皇"献身于战争，在国内连续工作十几个小时生产战需品……

身中武士道这种迷幻剂的日本人在战场上是一个个野兽。他们挥舞着军刀，砍向手无寸铁的老弱妇孺；他们的伤病员，在紧急情况下来不及撤退时，互掷手榴弹集体自杀；在国内，日本人则是一个个工作机器。他们常常在工厂连续工作十几个小时，每天都累得精疲力竭，但他们说，"我们的身体越沉重，我们的意志，我们的精神越能凌驾于肉体之上。"

日本统治者从来就不遗余力地向本国人民灌输武士道精神，每一个日本人从小就受到这种思想的毒害。它要求每个人都要效忠主上、重名轻死、崇尚勇武、廉耻守信。在战争中，他们就是要效忠天皇，"奉行圣志""奉天皇之命去捐躯"。这种武士道思想使得战争中的日本人顽固地认为："天皇领导国民进行战争，服从便是我的义务。"武士道最根本的便是一个"忠"字，最初它"忠"的对象是"主君""藩"，到了20世纪便成了天皇。日本人自己创造了天皇神话和至高无上的地位，然后对之顶礼膜拜，拼命"安慰圣上的忧虑"。

武士道精神在战争中渗透进日本军国主义文化中，成了它发动侵略战争的一个重要的精神武器。经过多次战争和反复宣传，武士道被吹嘘到了神乎其神的地位，似乎有了它就能战胜一切。狂热军国主义分子荒木贞夫，在一本小册子就断言日本的"真正使命系弘布和宣扬皇道以达于四海。力量不足非我等介意之事，吾人何以忧虑物质之事"。日本《军人回答手册》常用的口号就是"敌人的数量要用训练来抵挡，钢铁要用肉弹来碰撞"。说到底，就是精神战胜物质的谬论。

剖腹自杀的军人，自杀性攻击的"神风特攻队"都是武士道迷幻剂的

杰作，但他们的狂妄自大终于还是捅了"马蜂窝"。

▲ 偷袭珍珠港，日本人捅了"惹不起"的"马蜂窝"

1941年12月7日，日本联合舰队偷袭了美国在珍珠港的太平洋舰队，取得了巨大的成功。就在他们为此沾沾自喜、洋洋得意之时，他们没有料到，正是从这时候起，他们幻想的"太阳帝国"便开始迅速走向崩溃。

日本不是不知道美国实力的强大。但是，日本人早已被魔咒迷住，不能自拔。美国是个大国，它有军备、占优势，但这又有什么呢？日本人说，这情况我们一开始就已看到了，也估计进去了。日本人从他们的一份主要报纸《朝日新闻》上读到："如果我们惧怕这些统计数字的话，这场战争也就不会爆发了，敌人的丰富资源并不是这场战争创造出来的。"他们认为这是一场美国人对物质的信仰同日本人对精神的信仰之间的决斗。他们都坚信，在这样的一场决战中物质必败精神必胜。

日本人是相信这种"主观性的幻想的"。一次一家日本电台播放了一篇"真实的新闻"，内容是说大尉在完成空战任务归来后从容不迫地向司令官作报告，但是，报告一完毕，他就突然瘫倒在地。当场的军官发现他已死去多时了，躯体都凉了。他已死去很长时间了，但这种奇迹是这位战死的大尉所具有的强烈责任感创造的。日本人就是这样自我麻醉的。

然而，日本人这次却是不自量力地捅了"马蜂窝"，而面对日本的侵略，实力强大的美国要给这些臆想狂以颜色了。日本人原以为珍珠港事件后，美国至少需要两年才能反攻，而日本可乘这段时间增强实力同美国决战。但1942年4月，16架美国飞机在日本本土出其不意地轰炸，却无情地击碎了日本人的异想天开。1942年8月，中途岛战役爆发，随着日本的惨败，整个太平洋战争的局势开始逆转。此后，日本节节败退，迅速走向了灭亡。

▲ 日本人救治自己受伤的同胞，就像对待一件损坏了的废物

战争中的日本行为方式是令人不可思议、难以理解的。我们对一切救援行

动，一切救助走投无路的人的行为总是非常感动的。然而就日本人的观念来说，则是要否定这种救援行为的。他们把在战斗机上装置安全设备斥之为"胆小鬼"行为。日本的宣传媒介反复教育他们说，只有从容不迫迎接死亡，才是美德；小心谨慎是可耻的。

在对待伤员或患病士兵态度上，日本把这些士兵看作一堆损坏了的废物。在战争中，日本军队里没有一支训练有素的救护队，以便从炮火下救援伤员，并进行急救，也没有一个由前线收容所、后方野战医院和远离战地的综合疗养院组成的医疗系统。在某些危急情况下，那些住院的病人竟被简单地杀死了结，这些工作由那些负责的医官来完成。对于日本军人来说，一旦负伤或染上疟疾、赤痢时就被从"健全人"的名册中除名了，他们就已经是"损坏的物品"了。

▲ 两颗原子弹，彻底炸醒了日本人的帝国梦

尽管日本人有剖腹的勇士，有自杀性的"神风特攻队"，但日本还是逐步地向本土后退。从中途岛之役到冲绳之战，不到三年时间，日本人苦心经营的"太阳帝国"便轰然坍塌了。日本本土遭到美军战机的频繁轰炸，无数日本人死亡，还有相当一部分人正处在精神崩溃的边缘。本土决战还是及早媾和，日本向何处去？裕仁天皇和他的臣子痛苦得如热锅上的蚂蚁纷无头绪。

一些日本人仍想负隅顽抗，力主本土作战，"一任玉碎"。然而，美国的两颗原子弹把日本人的最后一点自信给炸没了。日本天皇表示："敌既已使用此种武器，则战争之继续不可能。为获得有利条件起见，不得丧失结束战争的时机。"

1945年8月15日，日本天皇发布"终战诏书"。9月2日，盟国在东京湾的美舰"密苏里号"上举行了日本无条件投降的签字仪式。日本的帝国梦彻底地破碎，日本人战争中的"民族自恋、优越种族论"连同对天皇"现人神"的迷信一起崩溃了，他们处于了一种信仰坍塌，价值观"虚脱"的状态。

20世纪30年代，日本民众在靖国神社。

1937年，侵华日军在与中国军队交战。

1937年，日军攻占上海后的情景。

第四章 \ 侵略成性 扰乱世界 \ 069

1937年，日本机枪手在作战中。

1937年，日本军舰在上海附近向中国军队阵地开炮。

第四章 \ 侵略成性 扰乱世界 \ 071

1937年8月,侵华日本士兵在上海郊外吴淞口。

1937年8月，侵华日军进攻上海时的阵地。

1937年，侵华日军在进攻上海。

1937年8月，侵华日军在上海市区的阵地。

1937年8月，侵华日军攻占上海宝山县。

1937年8月，日军部队占领上海。

第四章 \ 侵略成性 扰乱世界 \ 077

1937年8月，侵华日军占领上海。

中国战场上的日本掷弹筒手

第四章 \ 侵略成性 扰乱世界 \ 079

20世纪30年代，侵华日军在行军途中。

20世纪30年代，侵华日军在中国用于侦察的92轻型坦克。

第四章 \ 侵略成性　扰乱世界 \ 081

日本北海道某空军基地

中国徐州会战时，日本92式坦克射击。

1937年，正在发动进攻的侵华日军。

挎着同伴骨灰的侵华日军

第四章 \ 侵略成性 扰乱世界 \ 085

20世纪30年代，侵华日军在中国使用的88式75毫米高射炮。

东条英机，1941～1944年任日本首相，他在任内发动了太平洋战争。

第四章 \ 侵略成性 扰乱世界 \ 087

山本五十六，日本联合舰队司令，他策划了对珍珠港的袭击。

088　军国之路——近代日本兴衰画册

日本海军伊势级（ISE）战列舰，1917年投入使用，1945年7月在日本广岛县吴港被击沉。

第四章 \ 侵略成性 扰乱世界 \ 089

1937年，侵华日军向中国南京进攻。

"二战"后期,日本少年童子军。

20世纪30年代，日本学校对学生进行天皇美德教育。

中国武汉上空的日军轰炸机

第四章 \ 侵略成性 扰乱世界 \ 093

1937年12月，日军攻占南京后，狂热而无知的日本小学生。

094　军国之路——近代日本兴衰画册

20世纪40年代，典型的日本小村庄。

第四章 \ 侵略成性 扰乱世界 \ 095

20世纪40年代，日本儿童。

20世纪40年代,典型的日本农民家庭。

"二战"期间，日本731部队装备。

作战中的日本侵略军

日本军官同汪伪政权下的保长

第四章 \ 侵略成性 扰乱世界 \ 099

业余爱好者拍摄的胶片，记录了1941年12月7日，日本袭击美国珍珠港的爆炸现场。

这是另一张记录珍珠港被炸现场的胶片。

1941年12月7日，遭受日本袭击后的珍珠港。

第四章 \ 侵略成性 扰乱世界 \ 101

1942年美国征兵宣传画。图字：我们发誓烈士的血不会白流……牢记12月7日！

1942年，一名美国海军陆战队士兵，身背巴祖卡火箭筒，站在C-47运输机上拍照留念。在太平洋战争中，巴祖卡成了一种攻击日军坚固阵地的神兵利器。

肩扛勃朗宁自动步枪的美国大兵在太平洋战区瓜达尔卡纳尔岛海滩

M1911手枪。太平洋战争爆发后，M1911手枪进入了美国对华武器援助的名单，被大量输入中国。

一名美国海军陆战队士兵，即将奔赴太平洋战区对日作战，面带悲壮。

日本军舰

1942年12月7日，日本突袭珍珠港，美国太平洋舰队伤亡惨重。

日本"羽黑号"重巡洋舰

日本"最上号"重巡洋舰，后在莱特湾大海战中被击沉。

泊于东京湾的日本"金刚"级战列舰

日本战舰向主力舰队靠拢

日本主力航空母舰"加贺号"

1941年，菲律宾吕宋岛的日军伍长画像。

正在装填炮弹的侵华日军

中国抗战漫画

1942年，日军扫荡中国冀中抗日根据地。

由于战事，日本在朝鲜紧急征招雇佣兵。

20世纪40年代,东京街头焦虑的民众。

1941年12月,日军占领菲律宾马尼拉。

1942年，澳大利亚的战俘在马来亚为日本军队修桥。

第四章 \ 侵略成性 扰乱世界 \ 113

1942年马来亚战役中，在陆地上被摧毁的英国皇家空军战斗机。

抗战中的中国士兵

第四章 \ 侵略成性 扰乱世界 \ 115

美军吉米·杜利特中校，他于1942年4月18日率领16架B-25型轰炸机对日本进行了轰炸。

盟军"二战"漫画

日本"赤城号"航母飞行甲板上的鱼雷轰炸机

第四章 \ 侵略成性　扰乱世界 \ 117

1942年11月，美国空军在南太平洋瓜达尔卡纳尔岛炸沉的日本军舰。

118　军国之路——近代日本兴衰画册

1942年，马来亚，日本士兵的荒墓。

第四章 \ 侵略成性 扰乱世界 \ 119

1943年12月，日军轰炸机攻击基里巴斯塔拉瓦岛时的场景。

1944年，日本战机飞行员。

1944年，美国士兵搀扶日本老妇。

第四章 \ 侵略成性 扰乱世界 \ 121

正在用喷火器喷火的美军谢尔曼坦克

1944年,在关岛战役中死去的日本士兵。

1944年6月15日，美军登陆西太平洋塞班岛的场景。

第四章 \ 侵略成性 扰乱世界 \ 123

1944年塞班岛战役后，投降的日军士兵。

1944年7月,登陆前盟军轰炸关岛。

1944年,美军士兵进行火焰喷射器训练。

第四章 \ 侵略成性　扰乱世界 \ 125

1944年11月20日，美国船只被鱼雷击中后剧烈燃烧。

1945年，出征前的"神风特攻队"飞行员。

日本"樱花"式火箭特攻机

对日本东京进行轰炸的美国战机

128　军国之路——近代日本兴衰画册

日本联合舰队海防舰

第四章 \ 侵略成性 扰乱世界 \ 129

1945年4月，美国军舰对日本冲绳岛进行轰击。

1945年4月，一架日本"神风特攻队"战斗机在冲绳近海被击落。

1945年，日本某空军基地被炸毁的飞机。

第四章 \ 侵略成性　扰乱世界 \ 131

1945年，美军B-29轰炸机投掷火焰弹。

1945年，在广岛县吴港被炸沉的日本军舰。

1945年，火焰弹轰炸后的东京废墟。

1945年，冲绳岛残酷的洞穴之战后留下的日军遗骸。

第四章 \ 侵略成性 扰乱世界 \ 135

1945年8月6日，广岛上空的"蘑菇云"。

136　军国之路——近代日本兴衰画册

1944年东京被轰炸前，日本小学生和他们的老师。

第四章 \ 侵略成性 扰乱世界 \ 137

1945年，东京废墟中的孩子。

1945年,东京废墟中的幸存者成了现代"野人"。

1945年，火焰弹空袭东京后造成的破坏。

20世纪40年代，由于缺乏男性劳动力，在田间劳作的日本妇女。

1945年8月26日，日本军官在横须贺海军基地投降。

1945年8月26日，日本海军中将户冢道足在横须贺海军基地投降。

第四章 \ 侵略成性 扰乱世界 \ 143

麦克阿瑟将军在美国"密苏里"战列舰上参加签订日本投降书协议时进行演讲

144　军国之路——近代日本兴衰画册

1945年9月2日，日本官方代表在美国"密苏里号"战列舰上正式签订投降书。

1945年8月30日,麦克阿瑟将军踏上日本神奈川县的厚木空军基地。

第四章 \ 侵略成性 扰乱世界 \ **147**

1945年9月,通往东京的一条主干道。

1945年，美军士兵在东京黑市挑选商品。

第四章 \ 侵略成性 扰乱世界 \ 149

1945年，日本东京黑市小贩。

150 军国之路——近代日本兴衰画册

1946年，麦克阿瑟将军访日，日本孩子挥动美国国旗。

相关链接 731部队

1936年，在中国东北哈尔滨郊外大约20英里的平房村，日军成立了一支秘密部队。就是这支部队在第二次世界大战中犯下了最惨无人道的暴行，其暴行完全可以和纳粹德国在欧洲占领区犯下的惨绝人寰的暴行相提并论。这就是臭名昭著、专门研制、实验生化武器的731部队。

在这块6平方千米的区域内，731部队及其支队在活人身上进行实验，其研究包括用瘟疫菌、炭疽热菌和其他致命的病菌做人体试验，测试极度低温和高气压对人体造成的影响。至少有超过3千人在这个军营里遭到残杀。他们大多数是中国人，另外也有俄国人、蒙古人、朝鲜人和一些盟军战俘。受害者的尸体随后被秘密地焚化掩埋。此外，大约有20万当地人，在731部队的武器实验中以及战争末期日军撤退毁坏军营后扩散开的鼠疫中丧命。此外日军还在中国的海拉尔、沈阳、北京、南京、上海、长春和广州以及东亚的新加坡、仰光、曼谷和马尼拉，建立了不少类似的生化武器部队。

1945年，战争结束后，撤退日军掩埋化学武器的遗址才逐渐曝光。多年来，由于炮弹片和毒气弹一直埋藏在地下，随后生锈，有毒物质渐渐开始泄漏，影响到周围的农作物和供水系统，人中毒事件也逐渐增加，中国政府开始调查这些事件，发现了埋藏武器的遗址。中方对此进行了长期而艰难的交涉，日方最终才同意承担清除武器的费用。

要搞清楚日军在中国使用化学武器的确切范围是一件极其困难的事情，因为在战争结束时日军处心积虑地销毁或掩埋了大量证据。例如，最近才揭露出日本人在广岛附近建有大规模的化学武器厂。该厂建于1929年，鼎盛时期厂里工人多达6000名，但任何地图上都没有标示出该厂的位置。日本一名研究人员披露的军事文件表明，到1945年为止，日军共生产了500多万枚毒气炮弹和毒气手榴弹。

731部队以南京为基地的支队前军医1995年证实说，中国俘虏被赤身裸体地关在一米见方的铁丝笼里，日军在他们身上注射了各种细菌剂，时间达数月之久。日军研究并记录下人对细菌剂的种种反应，"实验"结束后就杀害了这些战俘。一名曾干过宪兵的日本人承认，自己曾向731部队押送过四名被捕的中国人，后来他们在那里遇害。同时，他还承认大多数被宪兵抓到的中国人通常都受到这样的处置。光他一个人能回想起来的差不多就有600名战俘被送到了731部队。

日本的生化武器计划产生于20世纪30年代，是由日本政府支持的科学家们提出的研究项目。1925年《日内瓦议定书》规定了禁止使用生化武器的国际条例。这些科学家由此而得到了启发，意识到生化武器的潜在价值。他们认为：既然这种武器如此可怕，以至必须以国际法加以禁止，那就说明它具备很强的杀伤力，所以必须不惜一切代价在绝对保密的情况下进行研究。731部队是1936年由石井四郎最先组建的，对外伴称水净化厂。

发生在731部队的事骇人听闻：一个欧洲人被一劈两半，存放在充满甲醛的大玻璃缸里；一对俄国母女被放进一间毒气室慢慢死去，医生们同时记录下了她们最后时刻的种种反应；一个患上瘟疫的中国农民未上麻醉药，就在手术台上遭到解剖，以便科学家研究他内部器官的病变结果。这些受害者被731部队的成员称为"木头（maruta）"，731部队的"科学家"已经变得毫无人性。

除了进行实验，731部队还在野外试用他们正在研制的武器。中国北部葱山（今黑龙江省哈尔滨市西北的安达市境内）周围的村庄是其中的试验基地之一。1936年8月，一架架日本飞机低空盘旋，在那些感到困惑的村民上空喷洒像烟一样的东西。两星期后，第一批人出现症状，又过了两个月，1200人中的392人因发烧而丧生。在他们身上都出现了类似于中世纪曾肆虐欧洲的黑死病的那些症状。到瘟疫高峰期，每天都有20名中国平民被病痛折磨致死。1942年11月，日本军队开进这些村子，烧掉了那些带有瘟疫的房子，以掩盖他们的罪恶行径。如今还有少数中国农民能够回忆起那个可怕的秋天，他们将日军的野蛮兽行牢记在心，在村里建起了一座小纪念堂，并将当地的一座山改名叫"记仇山"。

现在还有证据披露，日军想使用生化武器在太平洋抵御盟军。1944年马里亚纳群岛的塞班岛陷落之后，东京天皇总部策划了一个异乎寻常的阴谋来反击美国。他们计划将数千只悬挂有炸弹的大气球借助风势穿越太平洋飘到美国。最后，只有200只气球成功飞到了美国本土，总共炸死了6名蒙大拿州人和俄勒冈州人。尽管这些气球只携带了常规性小炸弹，但当时他们还计划用气球装载生化武器，在美国引发瘟疫和炭疽热传染病。除此以外，还有一项更令人毛骨悚然、代号叫作"夜间樱花"的计划，该计划是使携带瘟疫的飞机撞毁在加利福尼亚的城市。幸运的是这些特殊的计划还未能付诸实施，战争就结束了。

731部队的秘密长期未公开，一个主要原因就是战争结束时美国同意保证731部队的那些指挥官和从事研究的那些科学家免受审判，这算是对他们提供技术信息的回报。他们认为，在不久的将来与苏联的斗争中，731部队的技术和知识肯定会派上用场。因此，731部队没有一名成员因其罪行而受到审判。事实上，在战后的日本，731部队中的许多人仍继续占据着重要的位置，仍然保持科学家、医生或政治家的身份四处活动，逃脱了最终审判。同时，还有大量证据表明，裕仁天皇完全知道731部队的存在。他的弟弟也视察了设在中国的731部队总部，并在回忆录中记载了如何在中国人身上进行毒气战实验。

除了731部队，其他日军部队也使用中国人进行活人实验。日本医生主动承认，培训军医时使用了活生生的中国病人。中国战俘经常被用来实习截肢技术和野外手术，实习一结束，就杀死这些战俘。

一直以来，日本政府从来没有为731部队的种种行径正式道过歉，甚至也从来没有正式承认过它的存在，尽管证据确凿不容辩驳。

相关链接 秘密宪兵队

20世纪三四十年代，日本及其海外帝国最可怕的一个组织就是宪兵队。宪兵队的职能就是使日本人民和占领地的居民与日本政府的政策保持一致。他们搜捕所有持不同政见者并残酷地加以杀害。到战争结束时，次要战争罪行审判中的许多罪行都涉及宪兵及其同盟组织成员的活动。

日本的旧武士宪兵部队在19世纪末明治维新时期就被取缔了。1872年俊庆川治参观了欧洲的宪兵部队，法国和普鲁士宪兵部队给他留下了深刻的印象。欧洲宪兵因此而成了日本新宪兵的榜样。

日本的宪兵队成立于1881年1月4日。最初，它仅由349人组成。这些人不仅管辖军队，而且具有管辖平民的义务，尤其是在新征兵法方面。宪兵分为两部分，一部分用来监控日本皇家海军，另一部分用来监控日本皇家陆军。从一开始，宪兵的重要职责之一就是维持秩序，这是一个包罗万象的术语，涵盖"犯罪"的方方面面，并给所属军官自由行动权，以根除任何形式的不同政见。

1901年，特高科（或者叫特高宪兵队）成立。特高科是跟日本军队宪兵队相对应的地方组织，专门对付反对帝国统治和日本扩张主义的人或组织。这个组织由6个部门组成（特警工作部、外国人监视部、驻日朝鲜人部、劳动关系部、新闻审查部和仲裁部）。它在上海、伦敦和柏林设有海外办事处。特高科在国内对很多问题进行调查，包括调查听外国音乐或者看外国书的日本人以及共产党人、绥靖主义者和不敬天皇的人，各个建筑、各条街道和街区都有它的情报网。到1936年，特高科已经逮捕了5.9万多人。囚犯们被迫交代他们是怎样沾染上"危险思想"的，同时一遍又一遍地写自白书，直到审问者对结果满意为止。然后，这些自白书就成为他们有罪的证据。

在此期间，宪兵队的权力通过不断修订臭名远扬的《治安维持法》而得以加强。例如，1925年法律禁止成立以改变"国家政体"（天皇领导的国家）为目标的团体，也禁止组织反对私有财产观念的团体。这导致了大批共产党人、工会组织者和激进分子被捕，而且在新的法律下，任何触犯法律的人——无论他们犯的罪有多么轻微——至少会被监禁6个月。1941年另一项修订案将法律延伸到了自由主义者和没有政治从属关系的知识分子以及宗教信仰与国家支持的神道不一致的人。

在很多方面，宪兵队和特高科类似于希特勒的盖世太保。他们不仅是在城市和乡村巡逻的正规宪兵部队，而且是邮件和报纸的审查官。嫌疑犯一被捕就被认为有罪，并在严刑逼供下屈打成招。有人说，特高科是中世纪天主教审判以来最有成就的拷问者。在日本不审判就严惩被认为是合法的，秘密宪兵集调查人、检举人、法官、陪审员和刽子手于一身。他们使日本成为一个高效残忍的宪兵国家。

相关链接 关于珍珠港的彩色胶片

珍珠港事件是美国历史上最重大的事件之一，可与1776年革命、1863年葛底斯堡之战或1963年暗杀肯尼迪总统事件相提并论。珍珠港事件至少已经促成了三大好莱坞故事片——约翰·福特的《12月7日》，1943年第一次发行；《虎！虎！虎！》，1970年发行；《珍珠港》，2001年发行。这次事件使美国被迫地进入了第二次世界大战；永远留下了日本奸诈和美国英雄的形象，促成了战争史上最伟大的演说之一——罗斯福的"国耻日"演说，还被美国海军摄影师、新闻影片工作者和业余爱好者拍成照片。

很多年来人们认为，所有这些照片全都是黑白的，但不同寻常的是，珍珠港被袭过程有彩色胶片记录。自20世纪30年代以来，8毫米和16毫米的柯达彩色胶卷已经广泛应用于专业摄影和业余摄影。当时，柯达公司就在夏威夷设有胶片冲洗室。因此，至少有六种从各个方位拍摄的袭击时和袭击后的彩色胶片版本。其中一种就是由一名生活在希堪姆战地空军基地的陆军中尉拍摄的8毫米胶片，拍摄的是遭到破坏的机场，背景里的珍珠港燃烧的舰船冒出滚滚浓烟。另一种是用16毫米的胶卷拍照的，显示了袭击对平民财产的破坏，还有一些镜头记录了一艘日本微型潜艇被冲到海滩上。另外四种都是在袭击的中心地带，也就是在珍珠港靠近轰炸目标——战舰群的地方——拍摄的。这些照片有些是由海军摄影师拍摄的，有些则是由私人摄影者拍摄的。

从美国军舰"亚利桑那号"被摧毁、"西弗吉尼亚号"燃烧的船体、"俄克拉何马号"倾覆的船体到美国军舰"加利福尼亚号"巨大的爆炸，全部详详细细地记录在了彩色胶片上，一目了然。其中一种是由在未被击沉的美军维修船"阿贡尼号"上的海军摄影师一等兵克莱德·多特里拍摄的；另一种是由一个名叫哈堪森的船长在美国军舰"安慰号"

医疗船上拍摄的；第三种是由美国军舰"圣路易斯号"上的一个无名摄影师拍摄的。"圣路易斯号"是为数不多的大船之一，它在袭击期间成功起航并驶出了珍珠港；最后一种是由一名海军军官用个人相机在"玛戈福号"驱逐舰上拍摄的。

由于这些胶片记录的内容很关键，而且又是彩色的，所以就像记录暗杀约翰·肯尼迪总统的扎普鲁德电影胶片一样对国家至关重要。这些胶片是由公务人员：4名海军官兵和1名陆军军士在值勤期间拍摄的，因此对于谁有权拥有胶片应该没有疑问。但是从1941年12月7日那天起，这些彩色胶片几乎没有被公开展示过。尽管一代又一代的胶片收藏者和研究者竭尽全力搜寻，但这些胶片好像已经神秘地失踪了，没有留下一点蛛丝马迹。

在袭击结束后的一个时期，美国政府扣留了所有拍摄的胶片——官方的和私人的——并禁止其使用，理由是这些胶片可能将破坏的程度暴露给敌人。几乎可以肯定，日本人已经将他们袭击场面拍摄下来了（他们确实这样做了），所以这种说法好像站不住脚。好像更有说服力的理由是所有血淋淋的袭击细节是那样令人尴尬，而且有可能打击美国士兵的士气，所以还是暂时不让人看见为好。

如果认为这就是禁止公开胶片内容的原因，那就大错特错了。从形象的角度说，珍珠港在整个战争中最能有效地激励美国军队的士气。"牢记珍珠港"的口号出现在数百次的海报和招募活动中。更重要的是，在战争早期，美国政府就发现彩色电影比黑白电影更容易增强凝聚力。

在过去的很多年里，人们努力过无数次，以期找到消失的彩色胶片。据报道，20世纪60年代末期，福克斯电影制片厂在制作有关袭击珍珠港的《虎！虎！虎！》这部电影期间，提出给100万美元的奖励，而且不过问胶片任何问题，但无济于事。20世纪90年代，由海军领导，包括美国联邦调查局在内的小组进行了调查。调查小组发现，被封存的有关袭击珍珠港的彩色胶片应于20世纪40年代末期回到了原主人手里，因为已经保存有副本。这些胶片副本约翰·福特制片组首先保留过，后来又转到了海军那里，最后在20世纪70年代转到了档案馆。根据判断，彩色的原本丢失了或被盗窃。根据官方档案，直到1968年才把这些丢失的胶片记录在案。这些胶片存在的唯一其他线索就是国家档案馆里的两张彩色胶片。这是两张从胶卷上剪下来的胶片，并配有以下标注："这是从哈堪森船长的胶卷中剪下来或拷贝的。"它们是已经丢失的那卷胶片中的一部分，其余的下落不明。

　　那么，这些引人注目的胶片究竟哪里去了呢，它们仅仅是丢失或被藏起来，遗忘在了某个秘密的地下储藏室了？或者是在某一尴尬事件中被毁掉，还是被某个铁石心肠、神通广大的收藏者偷走了呢？珠港事件在美国历史上是最重要的大事件之一。事件被拍摄成胶片的事实引人注目，而且这些胶片是彩色的更是非同寻常。这是一个肯定应得到国会质询的问题。应该调查胶片神秘失踪的事实真相，找到这些胶片，满足公众的心愿。

相关链接 日本《战阵训》

1941年1月，日本军队颁布新的野战勤务令，即《战阵训》，对战场上下的军事活动予以调整。

《战阵训》开头写道：战阵之上，皇军以天皇命令为基准，彰显皇军本色，攻必取，战必胜，将"皇道"遍传天下。日本上下，齐心协力，忠心耿耿，听命于天皇，以求建立高度道义之国家，影响远播，予世界以和平，祈福祉于世人。天皇威仪厚德则可令敌人畏而敬之。我们亲临战阵之人应力求弘扬皇国的荣耀到天下四方，深刻体察皇国使命，坚决拥护皇军道义。

《战阵训》共分七部分："皇国""皇军""军纪""团结""协同""进攻精神"和"必胜信念"。

关于"皇军"的部分中写道：勇武当严格，仁义必宽泛。如有胆敢违抗皇军之敌人，应发扬我凛凛武威，施以毁灭性打击。然而，如果武威足以令敌屈服，不再攻击，若皇军因有失仁德，打击已臣服之敌或未施仁德于已降之人，则我军难称一支完美之军。

日本军官常常肆无忌惮地使用暴力，士兵的生活状况极其恶劣。给军官盛米饭太慢或把背心当作毛巾使用等鸡毛蒜皮的小事都会招来毒打，这些在日军士兵的信件和日记中都有记载。《战阵训》强调，即使有生命之虞也要绝对服从。"生死困顿之际，命令一旦下达，则甘冒生命危险，默默恪尽职守，此乃我军人精神之典范。"它继续阐述说，个人安危无关紧要，部队存亡生死攸关："军队上下应当严格履行自己职责，按照本部队指挥官的作战意图，彼此间推心置腹，置个人生死利害于度外，必须为了整体利益而舍身忘己。"

《战阵训》这样宣扬进攻精神："进攻之际，应积极果断，务必掌握先发制人时机。战则刚毅不屈，不粉粹敌人决不罢休；防内敛进攻之锐气，务保自己主动地位。宁可战死也不能放弃阵地。追击敌人，切勿心慈手软，务求彻底歼灭被追之敌。"最广为人知的是，它奉劝所有日兵绝不能投降："战争胜负与日本帝国命运息息相关。天皇军队历来百战百胜，你们应当铭记自身职责，决不能玷污其辉煌历史，任何时候决不放弃。"《战阵令》最后要求每个日本人都要明白："时时谨记自身声望，倍加勤勉，勿辜负父老乡亲之殷切期望。生不能遭被俘囚禁之耻辱，死不能留罪过祸害之骂名。"在日本，投降一直被看成是奇耻大辱。1904～1905年日俄战争的俘虏回国后都遭到了社会的抛弃。正基于此，直到战争快结束之前，都没有日本人集体投降，场场战斗非生即死。

相关链接 神风

> 生命，如鲜花般脆弱，
> 今日怒放，转瞬凋零。
> 怎能希望花的芬芳，
> 长留不散。

这是大西泷治郎中将作的一首俳句。他是臭名昭著的日本"神风特攻队"的创建者之一。用花作象征要追溯到武士时代，他们相信自己要时刻准备为主人牺牲生命，就像樱花一样风轻轻一吹就飘落地上。

在日本，战争中自杀的做法由来已久。在一些场合，武士道精神要求他们切腹自杀。直至近代的日俄战争和中日战争，还有许多关于日本兵发动自杀攻击、冲进敌人阵地的事件。在"二战"初期，也有几个日本飞行员驾机撞毁敌机的例子，但只是在战争的最后18个月里，日军才有了正式的自杀袭击纲领和为之献身的神风特攻队。

1944年初期，美国在太平洋的推进看起来已势不可当。此时，捉襟见肘的日本为了挽回败局，按照"一人一机一弹换一舰"的要求成立了一支自杀式特别攻击队——神风特攻队。日本最高指挥部一直认为其战斗精神强于美国，这种新的战略也许会粉碎美国人继续打下去的决心。神风特攻队的第一任司令是大西泷治郎中将。1944年10月，他到达菲律宾。他坚信神风特攻队是日本的希望之所在，认为："年轻飞行员陆上遭轰炸，到空中又被击落，真令人伤心，太令人伤心。让年轻人死得完美，这就是神风之宗旨。让人死得美丽，这叫仁慈。"

到战争后期，日本大多数有经验的飞行员都在与美国优势兵力的较量中被击落丧命。新来的飞行员训练差，没有什么机会学习空中格斗。但是，如果是发动自杀式攻击，只须教会飞行员驾机就可以了，不需要有格斗经验。就这样，日军的新理论开始实施。

大多数神风特攻队队员年龄都在十八九岁或二十一二岁。但随着战争的继续，到1945年战争结束之前，特攻队队员中很多已变成刚上完中学的学生。

在驾机执行最后使命之前，飞行员通常可以回家最后一次探视家人，还被鼓励给所爱的人写信。信中大多数人会声称，肩负这一光荣的使命，为扭转战局放弃生命，他们感到欣慰和自豪。1944年10月26日，在菲律宾丧生的一个25岁的海军飞行员写给他女儿如下一封信：

亲爱的靖子：

你在我怀里睡得那么安详。我记得清清楚楚，你的眼睛长得像妈妈，你的头发长得像姑姑。我给你取的名字，是希望你成为一个安静的女孩（靖子在日语中是安静的意思）。

你睡觉时抱着的娃娃，我飞行时要带在身边，希望它能为我带来好运。我死时有你与我同在，我不会感到恐惧。我还会永远跟你在一起，所以你也不应该感到害怕。如果你想知道我将来是什么样子，就让你妈妈带你去九段的靖国神社。在那里，你会见到我。你不要为没有了父亲感到羞愧，我会永远活在你的心中。记住爸爸为国捐躯，死得光荣。希望你一生平安，要对妈妈和姑姑好。

爸爸：雅史

甚至有一些神风特攻队队员不是来自日本。少尉三山文博就是朝鲜人。据报道：在执行任务的前天晚上，他来到一个酒吧，对女老板说"我给你唱首我们国家的歌吧！"那是一首忧郁的歌曲，充满了对朝鲜的思念之情，唱到第二段时他已是满脸泪水。1945年5月11日他在冲绳岛附近海域毙命，年龄只有24岁。

第一次报道的神风特攻队的袭击发生在 1944 年 10 月 25 日。飞行员来自驻扎菲律宾的第 21 海军空军大队。他们已参加过 4 次自杀式攻击，但匀因未找到目标而放弃。队长濑木中尉驾机一头扎下云海，避开美军战机，径直冲向美国一艘护航航空母舰圣路易斯号上。尽管被密集的防空炮火击中并起火，战机还是成功地撞到航母的起飞甲板上，飞机油箱漏出的油发生爆炸，燃起熊熊大火，火势蔓延到航母弹药库，航母爆炸后随即沉没，一百多名美国人丧生。从 1944 年 10 月到战争结束，神风特攻队的进攻一直困扰着美国海军。其中，以 1945 年 4 月冲绳战役时情况尤为严重。将近四千名日本飞行员死于这种自杀性进攻，击沉美国军舰 34 艘，击伤 288 艘，殉难海军官兵三千多人。

在战争结束之前，日本想出了更怪异的神风特攻方法。其中包括"樱花"式火箭特攻机和"回天"载人自杀鱼雷。尽管今天看来这些计划有些稀奇古怪，但是毫无疑问，如果美国当时进攻日本本土的话，在海滩和近海的厮杀将会异常惨烈。

相关链接 原子弹爆炸的拍摄

由于需要收集尽可能多的科学数据，而且这件事具有重大历史意义，所以两次原子弹爆炸都用几种不同的方式进行了拍摄。在历史文献中频频使用的镜头是由一个叫哈罗德·阿格纽的人拍摄的。他从1943 年以来一直在洛斯阿拉莫斯实验室工作。

阿格纽乘坐护送"埃诺拉·盖伊"轰炸机的两架飞机中的一架飞往广岛执行任务。他乘坐的 B-29 被称为"艺术大师"号。他是测量原子弹威力的小组成员之一。他的小组决定投掷原子弹时用降落伞投放观测仪器。他的工作就是确保仪器能正常运转，能传回信息。他还带着自己的 16 毫米"贝灵巧"（Bell & Howell）牌摄影机。阿格纽一做完科研工作就来到飞机后面的小窗，拍摄蘑菇云。因为太匆忙，他拍的广岛原子弹连续镜头没有显示爆炸产生的闪光。拍摄广岛时用的是黑白摄影机，他当时没有别的设备。

在投放第二颗原子弹时，阿格纽也作为科研小组成员去记录这一大事件。这次，他在 3 架飞机上都安装了摄影机，里面装了彩色胶卷。投放原子弹的轰炸机和两架护航机共 3 架 B-29 上面都在尾炮的有机玻璃罩上装了摄影机，它们焦距各不相同，由尾炮手根据阿格纽的指示操作。其中一架飞机引擎出了故障，没有飞到长崎。剩下的两台摄影机，一台设定正常焦距，另一台有长焦镜头，捕捉到了蘑菇云的特写画面。这就是为什么那段著名的长崎连续镜头先展示了爆炸，然后又用不同的放大率重放了一遍的原因。这实际上是由两台不同的摄影机拍摄的两段不同的影片，后来被剪辑到了同一盘带上。

当时还装了其他的摄影机。每次执行任务装载仪器的飞机都安装了专用的 fastax 高速摄影机，它比普通摄影机能更详细地记录爆炸过程。然而，在执行广岛任务后，一位过分热心的技师在实验室里毁坏了胶片。

最后，阿格纽拍摄的镜头成为两颗原子弹爆炸仅存的镜头，也是迄今为止人类第一次也是唯一一次使用原子弹的独一无二的记录。

1945年，广岛是日本的第八大城市。到1945年8月，它1/3的人口被疏散到农村，只有25万人居住在市区。当时这个城市几乎没有遭到战争的侵袭，人们还以为他们会逃过这场战争的劫难。在投放原子弹之前，美国人多次往这个城市散发传单，提醒居民大难临头。在爆炸前1小时，一架美国气象飞机在空中盘旋，市内拉响防空警报，但是，没有人加以理会。8月6日早上8点钟刚过，"埃诺拉·盖伊"号便飞临广岛开始轰炸。8点15分17秒，飞机炸弹仓打开，重达9000磅的原子弹弹出。"艺术大师"号飞机投放降落伞观测爆炸。

随着一道刺眼的闪光与巨响，原子弹在离地660码的空中爆炸，出现直径近百码的一团火球。爆炸产生的热量温度高达30万摄氏度，花岗岩都会被瞬间熔化。几微秒之后，冲击波产生，所到之处，无坚不摧，无人幸存，只留下几座建筑物。估计7到12万人被直接炸死，或几天后丧命。多年后，又有成千上万的人因为核灼伤以及辐射导致的癌症丧命。

第五章

挑战历史　死不认错

前联邦德国总理曾下跪为"二战"中的德国人的罪行谢罪，而同为"二战"发起国的日本，至今仍没有对亚洲"二战"受害国进行过正式的道歉。相反，日本社会甚至政坛高级官员仍不时在各种场合否定"南京大屠杀"，否定存在"慰安妇"。

▲ 日本人没有想过的结局

同是"二战"的祸首国，日本的情况与德国、意大利不同。法西斯头目墨索里尼在很大程度上并不能代表他的国民，是他把意大利人民拖进了战争的深渊。意大利人民吊死了他，不仅仅意味着对他个人的惩处，也表明了他们与法西斯"划清界线"的态度是鲜明的。

希特勒死不投降。德国国内某些将军想私自与盟军议和，还有一些人企图暗杀他。希特勒垂死顽抗，不断地欺骗他的国民，但失败的阴影早已在盟军攻克柏林之前，就散布于军队和民众之间了。"保卫柏林"无非是作一下"体面的垂死挣扎"。

而在日本未受美国原子弹轰炸前，有哪一个日本人头脑中暗暗产生过投降的念头呢？因为他们在中国东北尚有一百万精锐的关东军，这一从未受挫的军事实力，使日本有了两种选择——或者较量到底，或者以势均力敌的不屈不辱的姿态在停战协议上签字。至于投降，天皇根本没有想过，东条英机根本没想过，普通的日本军人也没想过，普通的日本民众也没想过。

"二战"中的普通日本民众即使有厌战情绪，却也无反战心理。他们不会反对自己的"子弟兵"进行的"东亚圣战"。在他们的想象中，儿子或者丈夫，应该是"解甲荣归"。而日本的政客首脑则思考着，在不得不在停战协议上签字之前，如何与苏美"讨价还价"。

日本人似乎什么都考虑到了，唯独没有考虑投降，更没想到在付出了惨重代价后，以无条件的方式投降。即使在天皇宣布投降诏书之际，还有众多政客、军人主张在日本本土"决一死战"，还有百余名军人剖腹于皇宫外，企图以死唤起全日本男女老幼的"战争意志"……

日本人始终没有意识到自己发动的战争是错误的，也没有想到悔过。他们把战争的失败归为"命运"，而不是自己错了。

▲ **否定侵略历史、美化战争，错上加错**

日本人的伦理是一种允许取舍的伦理。他们曾试图以战争来获得其"适当位置"，但他们失败了。他们现在可以放弃这一方针了，因为他们被彻底地打败了。1945年8月14日，被认为是日本至高无上的代言人的天皇告诉他的臣民，他们战败了。他们接受了战败这一事实所包含的一切后果，包括屈辱和美军的进驻。当某个方针以失败而告终时，日本人就把它作为失败的主张加以抛弃，但仅仅是抛弃，谈不上忏悔罪过。

到了20世纪60年代，一批鼓吹皇国史观、颂扬帝国军队、美化"大东亚战争"的书和影片便陆续出现了，其中有上山春平的《大东亚战争思想史的意义》，林房雄的《大东亚战争肯定论》，影片《啊，海军！》《日本海大海战》《山本五十六》等。1966年佐藤内阁通过了修改《国民节日法》，复活了与皇国史观有关联的，并在侵略战争中发挥过重要作用的"纪元节"，把2月11日定为"建国纪念日"。

随着日本经济的突飞猛进，日本人否定侵略的思潮愈加发展。如：日本多次出现"修改教科书"否定侵略的事件；得到文部省通过的《新编日本史》，宣扬皇国史观；诋毁"东京审判"；政府总理大臣以公职身份正式参拜靖国神社，颂扬"为国捐献光荣"。而一些恶劣的日本人，干脆否认日本"二战"时期犯下的侵略罪行，尤其企图否认日本的侵华罪恶。皇姑屯事件、济南事件、一二八事变、九一八事变、卢沟桥事变、南京大屠杀，日本的一切侵华阴谋和罪恶，他们一概地企图干脆否认。他们不顾铁证如山的历史事实，妄图将侵华战争说成是日本当年并不愿进行的一场战争。而且，似乎"谁打响的第一枪"，还是一件有待澄清的事。当然，持这种观点的是日本某些又愚蠢又自以为高明的政客，以及一些民族主义、新军国主义、新法西斯主义分子。他们形成了一股新的极右势力。虽然他们在日本是少数，但这些日本人在日本社会是代表一大批国民的心态的，即对二战中日本的罪恶绝不悔过。

▲ "篡改不了的历史"——令人忧虑的日本教科书问题

近年来，日本发生数次篡改历史教科书的事件，引起中国、朝鲜、韩国以及在"二战"中遭受日本侵略的亚洲其他国家的强烈谴责和反对。

日本把对别国的侵略一概含糊地称为"进入"，把对中国的全面侵略改为"全面进攻"，并对南京大屠杀等历史史实进行了淡化篡改。而1986年日本文部省批准的《新编日本史》更加严重歪曲了一些重大的历史事件，如把发动太平洋战争表述为从欧美列强统治下解放亚洲的一场战争。"教科书问题"决非偶然发生的事件，其背后有日本人死不认错的民族心理，有部分日本人为侵略战犯翻案的企图，更有经济壮大后日本企图成为"政治大国"的野心。

"二战"结束后，日本军国主义遭到了严重的失败。美国占领日本后，根据《波茨坦公告》和《美国对日方针》的基本精神对日本的教育进行了改造。改造的中心是推行民主教育。这次教育改革对战前日本军国主义教育以及战后"国体维护派"妄图恢复和继续推行军国主义教育都是一个沉重打击。这些措施有效地限制了日本军国主义教育的发展。

1955年，日本民主党率先在审定教科书问题上兴风作浪，对战后的教育民主改革提出批评和反对，热心恢复战前的军国主义教育。这是教科书问题的首次出现。

其后，日本政府于 1956 年颁布了《地方教育行政组织和管理法》，废除了《教育委员会法》，把教育委员民选制改为任命制。这实际上排除了阻碍日本当局恢复军国主义教育的一个主要障碍。

1977 年，日本首相福田纠夫正式参拜伊势神宫，1978 年则正式参拜靖国神社。从此，这种参拜活动就一直没有停止。日本军国主义思想重新抬头和逐步发展，终于导致了后来的历史教科书事件的屡次发生。

日本政府的种种错误行径，深刻反映了部分日本人死不认错的偏执心理。在政府的错误引导下，这些错误对很多对历史真相不甚了解的年轻人毒害甚深。他们被植入歪曲、错误的价值观念，继续着日本军国主义"太阳帝国"的美梦，对历史事实，对周边国家虎视眈眈，日本军国主义的幽灵已有死灰复燃的趋向。

警惕啊！热爱和平的人们。

1945年2月，（前排左起）丘吉尔、罗斯福和斯大林在克里米亚的雅尔塔会晤。

第五章 \ 挑战历史 死不认错 \ 173

手举军旗的日本士兵

初愈的日本伤员与护士

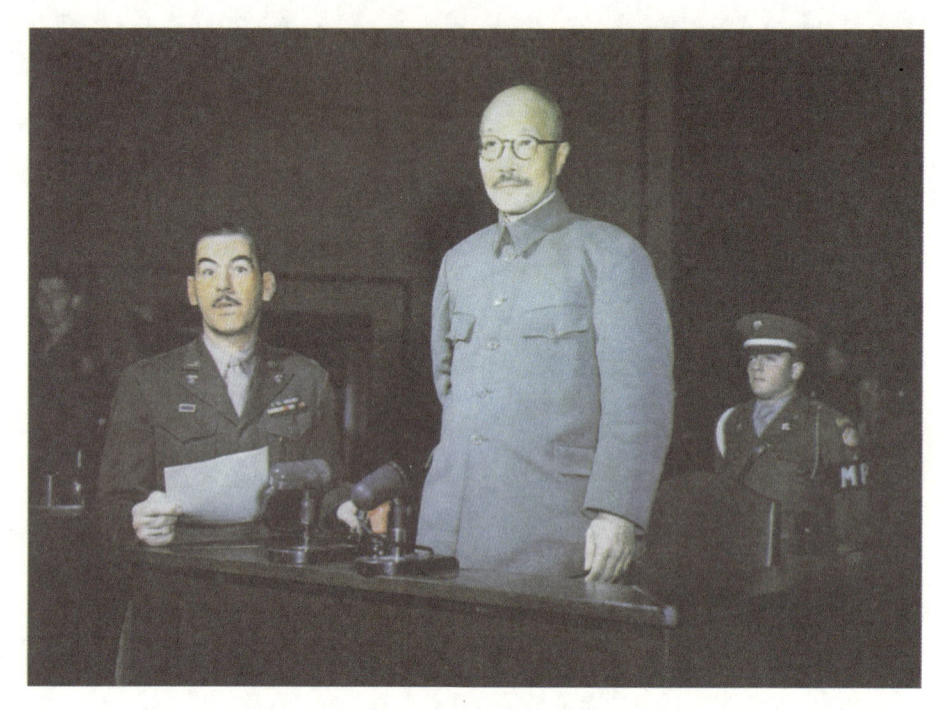

1948年，日本战犯东条英机（中）在法庭上受审。

东京法庭上的东条英机（前）听候法庭宣判

日军战亡士兵的遗物

176　军国之路——近代日本兴衰画册

1948年，东京大审判现场。

日本甲级战犯
（左起：板垣四郎、东条英机、广田弘毅、木村兵太郎、松井石根、土肥原贤二、武藤章）

东京审判席上的东机英机（前）面色苍白，神情沮丧。

相关链接 东条英机

东条英机，1884年12月30日出生于东京，服兵役期间曾在瑞士和德国工作过。他于1933年被提升为少将，1935年9月成为关东军司令官。提升为中将后，1937年3月到1938年5月任关东军宪兵部队参谋长。1938年5月，东条英机被任命为陆军次官。然而，仅仅6个月之后，他便辞职，又回到了武装部队。东条英机坚持极端的右翼观点，极力推崇纳粹德国。同时，他还是狂热的反共分子，很害怕苏联的长期计划，因此1938年他赞同先发制人对苏联进行空中打击。

当东条英机1940年7月作为陆军大臣进入内阁时，很多人不了解他。但了解他底细的人都知道，他为人处事狠辣坚决、手段残酷，被称为"剃刀"。他称不上知识分子，而是一个彻头彻尾的军人，同僚们对他既敬又怕。从开始在政府任职时起，他就宣扬侵略性的对外政策，强烈反对从中国和朝鲜撤军。

1941年10月16日，就在珍珠港事件前两个月，东条英机担任日本首相。尽管他起初支持外务省与美国达成协议所做的种种努力，但同时他又逐步提出了对美国太平洋舰队进行突然袭击的计划。最后，当确信谈判已无法进行时，1941年12月7日他果断下达了进攻珍珠港的命令。

东条英机同时还兼任陆军大臣、内务大臣和外务大臣。从1944年2月起，他还兼任日军参谋总长。1944年，他将自己的政治前途押在了对马里亚纳群岛的战役上。7月日军战败，他被迫辞职。1945年9月日本投降，东条英机被列为头号战犯，对他的指控包括36项"反和平罪"、16项谋杀罪和3项"其他常规战争罪和反人类罪"。东条英机及其同犯被指控在1928年至1945年期间策划发动侵略战争，以图谋"支配和控制东亚"。东条英机还被指控授权将盟军战俘作为劳工，导致数千人因受残酷虐待以及营养不良而死亡。

1945年9月，当盟军警察要逮捕东条英机时，他企图自杀，但却没能成功，而后被带到审判席上接受审判。他的那张脸最终成了日寇的象征：剃得光光的头，小圆眼镜。他是因战争罪而被处决的地位最高的日本人，1948年12月23日被处以绞刑。

在接受审判坐牢期间，允许他写日记。他在日记中极力为他和日本政府在战争期间所采取的行动开脱罪责。很多日本人以及军国主义右翼分子一直想方设法把日本说成西方殖民大国的牺牲品，并把自己的侵略行径说成是自卫。东条英机的观点就是其中最典型的例子。

在回答日本为什么发动对华战争（尽管他总是否认那是战争）时，他写道：

在大东亚战争（日本对发生在太平洋的第二次世界大战的叫法）马上开始之前，日本仍被卷入不幸的中日战争。这场战争已经进行了四年多，在此期间，日本曾经竭诚努力，以免战争灾难进一步扩散，而且依据世界上所有国家都应该找到自己的生存之地这个信条，日本遵循的方针就是要迅速恢复日中和平。日本要确保东亚稳定，同时为世界和平做出贡献。而不幸的是，中国无法理解日本的真正立场，而且中日战争成为旷日持久的战争也让人感到极大的遗憾。

他感到敌对行为蔓延的责任在英美政府：

英美从各方面支持重庆（蒋介石的国民政府），阻碍了日本所渴望的日中和平，并使日本稳定东亚的努力受挫。在此期间，1939年7月，美国突然通知取消通商条约，由此威胁到了日本人民的生存。现在，冷静地回首过去，我想两国都有许多值得反思之处。

同样，在处理中国问题的过程中，英美方面对中国有特别强烈的兴趣，本应该根据直接观察当时实际情况对问题的由来做出判断，而且双方应该考虑10亿东亚人的观点和生存问题，东亚人开始意识到世界的发展。双方不该心胸狭隘地维护旧的权力结构，而应一起商讨，和睦共事，并以更宽广的视野寻求共同繁荣、合作和东亚稳定秩序的建立。

在谈到他对战争所负的责任时，他说：

诚然，我应当为战争全局承担全部责任，而且毋庸讳言，我准备这样做。既然战争已经失败，我被审判可能是必要的，以便澄清时局，确保世界未来的和平。所以，对于我的审判，我的想法就是，根据回忆，坦诚相告，即使战败者站在战胜者（掌握着战败者的生死大权）面前，他也可能很容易去阿谀奉承。我是说，自己的一举一动都要注意，说到底对就是对，错就是错。如果用阿谀奉承来遮掩事实，将会歪曲审判，对国家造成难以估量的损害，所以必须小心谨慎，防止这种事情发生。

对袭击珍珠港，他写道：

今天回想起这件事，好像成功袭击珍珠港是上天的恩赐。显然，一支庞大的美国舰队已经集结在珍珠港，而且我们推想其警戒状态肯定非常高。与此同时，我们自己的庞大的舰队正在接近它，成功与否尚难把握。想起政府当时失策，就难以忍受。我们决非有意而为之。

对于日本为什么要发动战争，他又写道：

撇开那些间接的原因，直接原因如下：日本的军事和经济受到了以英美为首诸国的威胁。尽管想通过日美之间的谈判解决问题,但那条路最终被堵上了,因此出于自保和自卫,就决定发动战争。

日本真的是向文明宣战吗?

战争毁灭各民族的文明生活,因此毫无疑问这是一个国家必须竭力避免的事情。正因为如此,正常情况下,战争因素在引发危机或冲突之前就该消除,而且有必要及早采取措施防患于未然。解决冲突时双方能发扬相互谦让的精神,这对大国来说尤为重要。战争不仅导致敌对双方的人民付出巨大的牺牲和代价,而且一旦犯下错误,战争失败,就会造成惨剧,这个民族会因此而被毁灭。既然这道理众所周知,在地球上不会有一个爱好战争的国家,或所谓的好战国家或好战民族……

审判长在讲话中说日本是向文明宣战。但是宣战的责任——如上所述——在英美一方,是它们迫使日本进入了战争。日本作战是为了确保它自身的生存,也是保证东亚人的正常生存。换句话说就是,它是为人类谋求真正的文明。这一事实不要草率地判为一个战败国忧伤的哀歌,因为它是人类的真理。

就在他临刑之前,按照日本的传统,允许他写下了一首绝命诗:

果与花,
落下,
未觉未察;
唯风,
召唤他。

相关链接 日本在"二战"期间伤亡人数统计

日军在第二次世界大战中死亡人数总计为210多万人：对美英等国作战死亡155.5万人（其中陆军114万，海军41.5万），主要战场在菲律宾（52万）、缅甸（18万）、冲绳（10万）等地；在中国战场死亡45.5万多人（约一半为阵亡，其中1937年7月至1945年8月14日死亡40.4万人，1945年8月14日以后死亡5.1万人，伤、亡、病、俘累计则为133万。另外，1931年9月至1937年7月间累计减员为17万，其中死亡1.7万）；苏日战争中死亡8.3万人（1945年8月9日至1945年8月21日），另有5.7万被俘人员死亡。

声 明

本书图片均来自二战时期及以前拍摄的图片,距今(截止2020年1月1日)至少75年以上,因此本书绝大多数图片已经进入公共版权领域。个别有版权图片的摄影师与肖像权拥有者也因早已离世或年代久远,难以取得联系。因本书出版匆忙,图片摄影师联系方式不详或其他原因未能及时与著作权或肖像权拥有者取得联系,著作权或肖像权拥有者发现本书选编了其拥有著作权或肖像权的图片时,请主动与以下邮箱联系,并提供相关证明材料,以便我们及时与您联系并确认。

邮箱:hrwx_book@163.com